개역개정 | NIV™

영어성경 요한복음 쓰기

KB192850

JOHN

AGAPE

[주]아가페출판사

하나님이 세상을 이처럼 사랑하사 독생자를 주셨으니

이는 그를 믿는 자마다 멸망하지 않고 영생을 얻게 하려 하심이라

- 요한복음 3:16, 개역개정 -

For God so loved the world that he gave his one and only Son,

that whoever believes in him

shall not perish but have eternal life.

- John 3:16, NIV™ -

영어성경 요한복음 쓰기를 시작하시는 분들께

1. 기도로 시작하세요.

   한 글자 한 글자를 쓰는 동안, 언어를 뛰어넘어 살아있는 하나님의 말씀이
   내 안에 들어올 수 있도록 기도합니다.

2. 말씀의 의미를 마음에 새기면서 쓰세요.

   단순히 영어로 한번 쓰는 것이 목적이 아닙니다.
   말씀의 의미를 이해하면서 써나갈 수 있도록 주의를 기울이세요.
   모르는 영단어는 하단의 단어설명과 사전을 참고해주세요.

3. 다 쓰고 나면 꼭 말씀을 묵상하세요.

   묵상이란 말씀을 깊이 생각하면서 내 것으로 만드는 시간입니다.
   쓰기를 마친 후에는 말씀이 내게 주시는 깨달음에 대해 묵상하는 시간을 꼭 가지세요.

4. 적당한 분량을 정해놓고 매일 꾸준히 쓰세요.

   한꺼번에 많은 양을 쓰려고 하지 마세요.
   적당한 분량을 매일 꾸준히 쓰는 것이 중요합니다.

저자와 저작 연대, 장소

저자가 자신의 이름을 밝히고 있지는 않으나, 보통 '예수께서 사랑하시는 제자'(21:20, 23-24)와 동일한 인물, 다시 말해 세베대의 아들 사도 요한이 기록한 것으로 추정합니다. 요한은 A.D. 95년경에 에베소에서 밧모 섬으로 유배되었습니다. 전승에 의하면 당시 그는 에베소에서 설교하고 가르치며 저작 활동을 했다고 합니다. 따라서 유배 전인 A.D. 80-90년경, 에베소에서 요한복음을 기록했다는 것이 학자들의 일반적인 견해입니다.

기록 대상과 목적

요한복음은 신앙의 박해를 겪는 유대인 출신 그리스도인들이 예수님이 하나님의 아들이심을 계속해서 믿도록 격려하기 위해 기록되었습니다. 또한 헬라 철학에 익숙한 이방인과 영지주의 이단에게 예수님의 완전한 신성과 인성을 확증하여, 그들이 예수님이 하나님의 아들이심을 믿게 하기 위해 기록하였습니다.

특징

요한복음에서는 예수님 자신에 관한 것과 예수님과 하나님과의 관계, 특히 '영생'을 주제로 한 예수님의 긴 강론이 자주 등장합니다. 또한 '나는 …이다'라는 표현으로 예수님이 직접 자신의 정체성을 소개합니다. 이는 요한복음의 기록 목적과 관련된 특징입니다. 요한은 완전한 사람이자 완전한 신인 하나님의 아들 예수님을 믿음으로 하나님의 자녀가 되는 자격을 얻으며 영원한 생명을 얻는다는 사실을 강조합니다. 그 때문에 예수님이 누구신가를 드러내는 사건과 말씀이 중점적으로 기록되어 있습니다.

핵심어 및 내용

요한복음의 핵심어는 '말씀'과 '생명'과 '믿음'입니다. 태초부터 말씀으로 계셨던 예수님은 육신을 입고 하나님의 어린양이 되어 이 땅에 오셨습니다. 영원한 생명을 얻기 위해서는 예수님을 믿어야 합니다.

한글 성경 본문은 『성경전서 개역개정판』, 영어 성경 본문은 NIV™를 수록하였습니다.

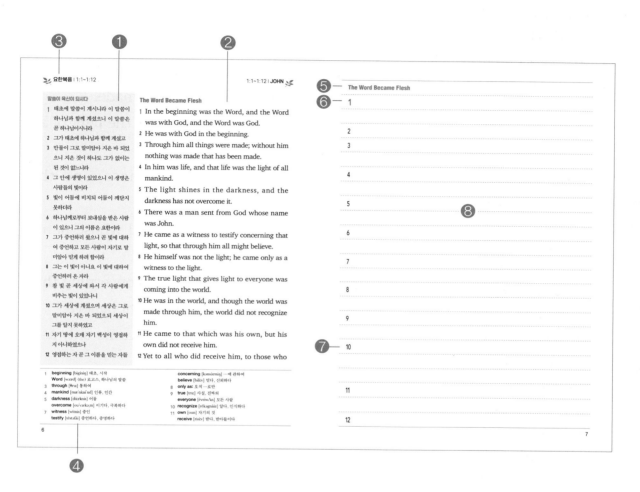

① 성경전서 개역개정판

② NIV™

③ 페이지에 해당하는 장, 절 표기

④ 주요 영단어 뜻풀이 및 발음기호

⑤ 소제목 수록

⑥ 장 숫자 수록

⑦ 절 숫자 수록

⑧ 필사 페이지

　- 왼쪽 NIV™ 본문과 장 · 절 구성이 동일합니다.

　- 영어 본문을 보시며 한 줄씩 똑같이 쓰시면 됩니다.

※ 필사 페이지의 경우, 간혹 하단에 1행의 여백이 생길 수 있음을 밝힙니다.

말씀이 육신이 되시다

1 태초에 말씀이 계시니라 이 말씀이 하나님과 함께 계셨으니 이 말씀은 곧 하나님이시니라

2 그가 태초에 하나님과 함께 계셨고

3 만물이 그로 말미암아 지은 바 되었으니 지은 것이 하나도 그가 없이는 된 것이 없느니라

4 그 안에 생명이 있었으니 이 생명은 사람들의 빛이라

5 빛이 어둠에 비치되 어둠이 깨닫지 못하더라

6 하나님께로부터 보내심을 받은 사람이 있으니 그의 이름은 요한이라

7 그가 증언하러 왔으니 곧 빛에 대하여 증언하고 모든 사람이 자기로 말미암아 믿게 하려 함이라

8 그는 이 빛이 아니요 이 빛에 대하여 증언하러 온 자라

9 참 빛 곧 세상에 와서 각 사람에게 비추는 빛이 있었나니

10 그가 세상에 계셨으며 세상은 그로 말미암아 지은 바 되었으되 세상이 그를 알지 못하였고

11 자기 땅에 오매 자기 백성이 영접하지 아니하였으나

12 영접하는 자 곧 그 이름을 믿는 자들

The Word Became Flesh

1 In the beginning was the Word, and the Word was with God, and the Word was God.

2 He was with God in the beginning.

3 Through him all things were made; without him nothing was made that has been made.

4 In him was life, and that life was the light of all mankind.

5 The light shines in the darkness, and the darkness has not overcome it.

6 There was a man sent from God whose name was John.

7 He came as a witness to testify concerning that light, so that through him all might believe.

8 He himself was not the light; he came only as a witness to the light.

9 The true light that gives light to everyone was coming into the world.

10 He was in the world, and though the world was made through him, the world did not recognize him.

11 He came to that which was his own, but his own did not receive him.

12 Yet to all who did receive him, to those who

---

1 **beginning** [biɡíniŋ] 태초, 시작
  Word [wəːrd] (the) 로고스, 하나님의 말씀
3 **through** [θruː] 통하여
4 **mankind** [mæ'nkai'nd] 인류, 인간
5 **darkness** [dáːrknis] 어둠
  overcome [ou'vərkə,m] 이기다, 극복하다
7 **witness** [wítnis] 증인
  testify [téstəfài] 증언하다, 증명하다

concerning [kənsə́ːrniŋ] …에 관하여
believe [bilíːv] 믿다, 신뢰하다
8 **only as:** 오직 …로만
9 **true** [truː] 사실, 진짜의
  everyone [évriwʌn] 모든 사람
10 **recognize** [rékəɡnàiz] 알다, 인식하다
11 **own** [oun] 자기의 것
  receive [risíːv] 받다, 받아들이다

The Word Became Flesh

1

2

3

4

5

6

7

8

9

10

11

12

에게는 하나님의 자녀가 되는 권세를 주셨으니

13 이는 혈통으로나 육정으로나 사람의 뜻으로 나지 아니하고 오직 하나님께로부터 난 자들이니라

14 말씀이 육신이 되어 우리 가운데 거하시매 우리가 그의 영광을 보니 아버지의 독생자의 영광이요 은혜와 진리가 충만하더라

15 요한이 그에 대하여 증언하여 외쳐 이르되 내가 전에 말하기를 내 뒤에 오시는 이가 나보다 앞선 것은 나보다 먼저 계심이라 한 것이 이 사람을 가리킴이라 하니라

16 우리가 다 그의 충만한 데서 받으니 은혜 위에 은혜러라

17 율법은 모세로 말미암아 주어진 것이요 은혜와 진리는 예수 그리스도로 말미암아 온 것이라

18 본래 하나님을 본 사람이 없으되 아버지 품 속에 있는 독생하신 하나님이 나타내셨느니라

세례 요한의 증언

19 유대인들이 예루살렘에서 제사장들과 레위인들을 요한에게 보내어 네가 누구냐 물을 때에 요한의 증언이 이러하니라

believed in his name, he gave the right to become children of God—

13 children born not of natural descent, nor of human decision or a husband's will, but born of God.

14 The Word became flesh and made his dwelling among us. We have seen his glory, the glory of the one and only Son, who came from the Father, full of grace and truth.

15 (John testified concerning him. He cried out, saying, "This is the one I spoke about when I said, 'He who comes after me has surpassed me because he was before me.'")

16 Out of his fullness we have all received grace in place of grace already given.

17 For the law was given through Moses; grace and truth came through Jesus Christ.

18 No one has ever seen God, but the one and only Son, who is himself God and is in closest relationship with the Father, has made him known.

John the Baptist Denies Being the Messiah

19 Now this was John's testimony when the Jewish leaders in Jerusalem sent priests and Levites to ask him who he was.

---

13 **natural** [nǽtʃərəl] 타고난, 자연의
　　descent [disént] 혈통
　　decision [disíʒən] 결정, 판단
14 **flesh** [fleʃ] 살, 육체
　　dwelling [dwéliŋ] 거주지, 주거
　　among [əmʌ́ŋ] 사이에, 가운데
15 **surpass** [sərpǽs] 넘어서다, 능가하다
16 **fullness** [fúlnis] 충만, 충분

　　already [ɔːlrédi] 이미, 완전히
17 **law** [lɔː] 법, 법률
18 **closest** [klouˈsəst] 가장 가까운
　　relationship [rileiˈʃənʃip] 관계
19 **testimony** [téstəmòuni] 증언
　　Jewish [dʒúːiʃ] 유대인의
　　priest [priːst] 성직자, 제사장
　　Levite [líːvait] 레위인

13

14

15

16

17

18

John the Baptist Denies Being the Messiah

19

20 요한이 드러내어 말하고 숨기지 아니하니 드러내어 하는 말이 나는 그리스도가 아니라 한대

21 또 묻되 그러면 누구냐 네가 엘리야냐 이르되 나는 아니라 또 묻되 네가 그 선지자냐 대답하되 아니라

22 또 말하되 누구냐 우리를 보낸 이들에게 대답하게 하라 너는 네게 대하여 무엇이라 하느냐

23 이르되 나는 선지자 이사야의 말과 같이 주의 길을 곧게 하라고 광야에서 외치는 자의 소리로라 하니라

24 그들은 바리새인들이 보낸 자라

25 또 물어 이르되 네가 만일 그리스도도 아니요 엘리야도 아니요 그 선지자도 아닐진대 어찌하여 세례를 베푸느냐

26 요한이 대답하되 나는 물로 세례를 베풀거니와 너희 가운데 너희가 알지 못하는 한 사람이 섰으니

27 곧 내 뒤에 오시는 그이라 나는 그의 신발끈을 풀기도 감당하지 못하겠노라 하더라

28 이 일은 요한이 세례 베풀던 곳 요단 강 건너편 베다니에서 일어난 일이니라

20 He did not fail to confess, but confessed freely, "I am not the Messiah."

21 They asked him, "Then who are you? Are you Elijah?"
He said, "I am not."
"Are you the Prophet?"
He answered, "No."

22 Finally they said, "Who are you? Give us an answer to take back to those who sent us. What do you say about yourself?"

23 John replied in the words of Isaiah the prophet, "I am the voice of one calling in the wilderness, 'Make straight the way for the Lord.'"

24 Now the Pharisees who had been sent

25 questioned him, "Why then do you baptize if you are not the Messiah, nor Elijah, nor the Prophet?"

26 "I baptize with water," John replied, "but among you stands one you do not know.

27 He is the one who comes after me, the straps of whose sandals I am not worthy to untie."

28 This all happened at Bethany on the other side of the Jordan, where John was baptizing.

---

20 **confess** [kənfés] 인정하다, 고백하다
freely [frí:li] 기꺼이, 자유롭게
Messiah [misáiə] 구세주, 메시아
21 **Elijah** [iláidʒə] 엘리야
prophet [práfit] (the) 선지자
answer [ǽnsər] 답하다
23 **reply** [riplái] 대답하다
Isaiah [aizéiə] 이사야

wilderness [wíldərnis] 광야, 황야
straight [streit] 똑바로, 곧은
24 **Pharisee** [fǽrisì:] 바리새인
25 **baptize** [bæptáiz] 세례를 베풀다
27 **strap** [stræp] 끈
be worthy to A: A할 만한 가치가 있다
untie [əntái] 풀다
28 **happen** [hǽpən] 일어나다, 발생하다

20

21

22

23

24

25

26

27

28

하나님의 어린 양을 보라

29 이튿날 요한이 예수께서 자기에게 나아오심을 보고 이르되 보라 세상 죄를 지고 가는 하나님의 어린 양이로다

30 내가 전에 말하기를 내 뒤에 오는 사람이 있는데 나보다 앞선 것은 그가 나보다 먼저 계심이라 한 것이 이 사람을 가리킴이라

31 나도 그를 알지 못하였으나 내가 와서 물로 세례를 베푸는 것은 그를 이스라엘에 나타내려 함이라 하니라

32 요한이 또 증언하여 이르되 내가 보매 성령이 비둘기 같이 하늘로부터 내려와서 그의 위에 머물렀더라

33 나도 그를 알지 못하였으나 나를 보내어 물로 세례를 베풀라 하신 그이가 나에게 말씀하시되 성령이 내려서 누구 위에든지 머무는 것을 보거든 그가 곧 성령으로 세례를 베푸는 이인 줄 알라 하셨기에

34 내가 보고 그가 하나님의 아들이심을 증언하였노라 하니라

요한의 두 제자

35 또 이튿날 요한이 자기 제자 중 두 사람과 함께 섰다가

36 예수께서 거니심을 보고 말하되 보

John Testifies About Jesus

29 The next day John saw Jesus coming toward him and said, "Look, the Lamb of God, who takes away the sin of the world!

30 This is the one I meant when I said, 'A man who comes after me has surpassed me because he was before me.'

31 I myself did not know him, but the reason I came baptizing with water was that he might be revealed to Israel."

32 Then John gave this testimony: "I saw the Spirit come down from heaven as a dove and remain on him.

33 And I myself did not know him, but the one who sent me to baptize with water told me, 'The man on whom you see the Spirit come down and remain is the one who will baptize with the Holy Spirit.'

34 I have seen and I testify that this is God's Chosen One."

John's Disciples Follow Jesus

35 The next day John was there again with two of his disciples.

36 When he saw Jesus passing by, he said, "Look,

29 **toward** [tɔːrd] 쪽으로, 향하여
the Lamb: 하나님의 어린양, 그리스도
take away: 치우다, 제거하다
sin [sin] 죄, 죄를 짓다
30 **surpass** [sərpǽs] 넘어서다, 능가하다
before [bifɔ́ːr] 전(에), 앞에
31 **reveal** [rivíːl] 드러내다, 보여주다
32 **testimony** [téstəmòuni] 증언

heaven [hévən] 하늘, 천국
dove [dʌv] 비둘기
remain [riméin] 머무르다, 남다
33 **Holy Spirit:** 성령
34 **testify** [téstəfài] 증언하다, 증명하다
Chosen [ʧóuzn] (하나님에 의하여) 선택된
35 **disciple** [disáipl] 제자
36 **passing by:** 지나가다

John Testifies About Jesus

29

30

31

32

33

34

John's Disciples Follow Jesus

35

36

라 하나님의 어린 양이로다

37 두 제자가 그의 말을 듣고 예수를 따르거늘

38 예수께서 돌이켜 그 따르는 것을 보시고 물어 이르시되 무엇을 구하느냐 이르되 랍비여 어디 계시오니이까 하니 (랍비는 번역하면 선생이라)

39 예수께서 이르시되 와서 보라 그러므로 그들이 가서 계신 데를 보고 그 날 함께 거하니 때가 열 시쯤 되었더라

40 요한의 말을 듣고 예수를 따르는 두 사람 중의 하나는 시몬 베드로의 형제 안드레라

41 그가 먼저 자기의 형제 시몬을 찾아 말하되 우리가 메시야를 만났다 하고 (메시야는 번역하면 그리스도라)

42 데리고 예수께로 오니 예수께서 보시고 이르시되 네가 요한의 아들 시몬이니 장차 게바라 하리라 하시니라 (게바는 번역하면 베드로라)

빌립과 나다나엘을 부르시다

43 이튿날 예수께서 갈릴리로 나가려 하시다가 빌립을 만나 이르시되 나를 따르라 하시니

the Lamb of God!"

37 When the two disciples heard him say this, they followed Jesus.

38 Turning around, Jesus saw them following and asked, "What do you want?"
They said, "Rabbi" (which means "Teacher"), "where are you staying?"

39 "Come," he replied, "and you will see."
So they went and saw where he was staying, and they spent that day with him. It was about four in the afternoon.

40 Andrew, Simon Peter's brother, was one of the two who heard what John had said and who had followed Jesus.

41 The first thing Andrew did was to find his brother Simon and tell him, "We have found the Messiah" (that is, the Christ).

42 And he brought him to Jesus.
Jesus looked at him and said, "You are Simon son of John. You will be called Cephas" (which, when translated, is Peter).

Jesus Calls Philip and Nathanael

43 The next day Jesus decided to leave for Galilee. Finding Philip, he said to him, "Follow me."

---

37 **disciple** [disáipl] 제자
　hear [hiər] 듣다
　follow [fálou] 따르다, 좇다
38 **turn around**: 돌아보다
　rabbi [ræbai] 랍비, 유대인 율법학자
　stay [stei] 머무르다, 지내다
39 **reply** [riplái] 대답하다
　spend [spend] 보내다

　afternoon [æ̀ftərnúːn] 오후
41 **Messiah** [misáiə] 구세주, 메시아
　Christ [kraist] 그리스도, 구세주
42 **bring A to B**: A를 B에게 가져다 주다
　look at: 보다, 살펴보다
　be called: …로 불리다
43 **decide** [disáid] 결정하다, 하기로 하다
　leave [liːv] 떠나다, 출발하다

37

38

39

40

41

42

Jesus Calls Philip and Nathanael

43

44 빌립은 안드레와 베드로와 한 동네 벳새다 사람이라

45 빌립이 나다나엘을 찾아 이르되 모세가 율법에 기록하였고 여러 선지자가 기록한 그이를 우리가 만났으니 요셉의 아들 나사렛 예수니라

46 나다나엘이 이르되 나사렛에서 무슨 선한 것이 날 수 있느냐 빌립이 이르되 와서 보라 하니라

47 예수께서 나다나엘이 자기에게 오는 것을 보시고 그를 가리켜 이르시되 보라 이는 참으로 이스라엘 사람이라 그 속에 간사한 것이 없도다

48 나다나엘이 이르되 어떻게 나를 아시나이까 예수께서 대답하여 이르시되 빌립이 너를 부르기 전에 네가 무화과나무 아래에 있을 때에 보았노라

49 나다나엘이 대답하되 랍비여 당신은 하나님의 아들이시요 당신은 이스라엘의 임금이로소이다

50 예수께서 대답하여 이르시되 내가 너를 무화과나무 아래에서 보았다 하므로 믿느냐 이보다 더 큰 일을 보리라

51 또 이르시되 진실로 진실로 너희에게 이르노니 하늘이 열리고 하나님의 사자들이 인자 위에 오르락 내리락 하는 것을 보리라 하시니라

44 Philip, like Andrew and Peter, was from the town of Bethsaida.

45 Philip found Nathanael and told him, "We have found the one Moses wrote about in the Law, and about whom the prophets also wrote— Jesus of Nazareth, the son of Joseph."

46 "Nazareth! Can anything good come from there?" Nathanael asked.

"Come and see," said Philip.

47 When Jesus saw Nathanael approaching, he said of him, "Here truly is an Israelite in whom there is no deceit."

48 "How do you know me?" Nathanael asked.

Jesus answered, "I saw you while you were still under the fig tree before Philip called you."

49 Then Nathanael declared, "Rabbi, you are the Son of God; you are the king of Israel."

50 Jesus said, "You believe because I told you I saw you under the fig tree. You will see greater things than that."

51 He then added, "Very truly I tell you, you will see 'heaven open, and the angels of God ascending and descending on' the Son of Man."

---

45 **Law** [lɔː] (the) 율법
prophet [práfit] (the) 선지자
46 **anything** [éniθiŋ] 어느 것이든, 아무것도
47 **approach** [əpróuʧ] 다가오다, 접근하다
say of: …에 대해 말하다
truly [trúːli] 진정, 진실로
Israelite [ízriəlàit] 이스라엘인, 하나님의 선민
deceit [disíːt] 속임, 사기

48 **while** [hwail] …동안에
still [stil] 아직, 아직도
fig tree 무화과나무
49 **declare** [dikléər] 선언하다, 말하다
rabbi [ræbai] 랍비, 유대인 율법학자
51 **add** [æd] 덧붙이다, 추가하다
ascending [əséndiŋ] 오르는, 올라가는
descending [diséndiŋ] 하강하는, 내려가는

44

45

46

47

48

49

50

51

가나의 혼례

2 사흘째 되던 날 갈릴리 가나에 혼례가 있어 예수의 어머니도 거기 계시고

2 예수와 그 제자들도 혼례에 청함을 받았더니

3 포도주가 떨어진지라 예수의 어머니가 예수에게 이르되 저들에게 포도주가 없다 하니

4 예수께서 이르시되 여자여 나와 무슨 상관이 있나이까 내 때가 아직 이르지 아니하였나이다

5 그의 어머니가 하인들에게 이르되 너희에게 무슨 말씀을 하시든지 그대로 하라 하니라

6 거기에 유대인의 정결 예식을 따라 두세 통 드는 돌항아리 여섯이 놓였는지라

7 예수께서 그들에게 이르시되 항아리에 물을 채우라 하신즉 아귀까지 채우니

8 이제는 떠서 연회장에게 갖다 주라 하시매 갖다 주었더니

9 연회장은 물로 된 포도주를 맛보고도 어디서 났는지 알지 못하되 물 떠 온 하인들은 알더라 연회장이 신랑을 불러

Jesus Changes Water Into Wine

2 On the third day a wedding took place at Cana in Galilee. Jesus' mother was there,

2 and Jesus and his disciples had also been invited to the wedding.

3 When the wine was gone, Jesus' mother said to him, "They have no more wine."

4 "Woman, why do you involve me?" Jesus replied. "My hour has not yet come."

5 His mother said to the servants, "Do whatever he tells you."

6 Nearby stood six stone water jars, the kind used by the Jews for ceremonial washing, each holding from twenty to thirty gallons.

7 Jesus said to the servants, "Fill the jars with water"; so they filled them to the brim.

8 Then he told them, "Now draw some out and take it to the master of the banquet."
They did so,

9 and the master of the banquet tasted the water that had been turned into wine. He did not realize where it had come from, though the servants who had drawn the water knew. Then he called the bridegroom aside

---

2 **disciple** [disáipl] 제자
invite [inváit] 초대하다, 초청하다
4 **involve** [inválv] 관련되다, 연루되다
reply [riplái] 대답하다
5 **servant** [sə́ːrvənt] 하인, 종
whatever [hwʌtévər] 무엇이든
6 **nearby** [nìərbái] 근처에, 주변에
jar [dʒaːr] 항아리, 단지

ceremonial [sèrəmóuniəl] 의식, 예식
gallon [gǽlən] 갤런, 액체량 단위
7 **brim** [brim] 가득 붓다
8 **draw** [drɔː] 퍼내다
banquet [bǽŋkwit] 연회, 축하연
9 **turn into:** 바뀌다, 변하다
realize [ríːəlàiz] 깨닫다, 알다
bridegroom [bráidgrùːm] 신랑

Jesus Changes Water Into Wine

2

2

3

4

5

6

7

8

9

10 말하되 사람마다 먼저 좋은 포도주를 내고 취한 후에 낮은 것을 내거늘 그대는 지금까지 좋은 포도주를 두었도다 하니라

11 예수께서 이 첫 표적을 갈릴리 가나에서 행하여 그의 영광을 나타내시매 제자들이 그를 믿으니라

12 그 후에 예수께서 그 어머니와 형제들과 제자들과 함께 가버나움으로 내려가셨으나 거기에 여러 날 계시지는 아니하시니라

성전을 깨끗하게 하시다

13 유대인의 유월절이 가까운지라 예수께서 예루살렘으로 올라가셨더니

14 성전 안에서 소와 양과 비둘기 파는 사람들과 돈 바꾸는 사람들이 앉아 있는 것을 보시고

15 노끈으로 채찍을 만드사 양이나 소를 다 성전에서 내쫓으시고 돈 바꾸는 사람들의 돈을 쏟으시며 상을 엎으시고

16 비둘기 파는 사람들에게 이르시되 이것을 여기서 가져가라 내 아버지의 집으로 장사하는 집을 만들지 말라 하시니

17 제자들이 성경 말씀에 주의 전을 사모하는 열심이 나를 삼키리라 한 것

10 and said, "Everyone brings out the choice wine first and then the cheaper wine after the guests have had too much to drink; but you have saved the best till now."

11 What Jesus did here in Cana of Galilee was the first of the signs through which he revealed his glory; and his disciples believed in him.

12 After this he went down to Capernaum with his mother and brothers and his disciples. There they stayed for a few days.

Jesus Clears the Temple Courts

13 When it was almost time for the Jewish Passover, Jesus went up to Jerusalem.

14 In the temple courts he found people selling cattle, sheep and doves, and others sitting at tables exchanging money.

15 So he made a whip out of cords, and drove all from the temple courts, both sheep and cattle; he scattered the coins of the money changers and overturned their tables.

16 To those who sold doves he said, "Get these out of here! Stop turning my Father's house into a market!"

17 His disciples remembered that it is written: "Zeal

---

10 **bring out** ···을 꺼내다, 내놓다
　 till now 지금까지
11 **sign** [sain] 표시, 기적
　 reveal [rivíːl] 드러내다, 보여주다
13 **almost** [ɔ́ːlmoust] 거의
　 Passover [pǽsou‚vər] 유월절
14 **temple** [témpl] (the) 성전
　 court [kɔːrt] 뜰, 안 뜰

　 cattle [kǽtl] 소
　 exchange [ikstʃéindʒ] 교환, 바꾸다
15 **whip** [hwip] 채찍, 채찍질하다
　 cord [kɔːrd] 끈, 노끈
　 both A and B: A와 B 둘 다
　 scatter [skǽtər] 흩어버리다, 분산시키다
　 overturn [ou'vərtərˌn] 뒤집다
17 **zeal** [ziːl] 열의, 열심, 열정

10
_____

_____

_____

11
_____

_____

12
_____

_____

Jesus Clears the Temple Courts
_____

13
_____

14
_____

_____

15
_____

_____

_____

16
_____

_____

17

을 기억하더라

18 이에 유대인들이 대답하여 예수께 말하기를 네가 이런 일을 행하니 무슨 표적을 우리에게 보이겠느냐

19 예수께서 대답하여 이르시되 너희가 이 성전을 헐라 내가 사흘 동안에 일으키리라

20 유대인들이 이르되 이 성전은 사십육 년 동안에 지었거늘 네가 삼 일 동안에 일으키겠느냐 하더라

21 그러나 예수는 성전된 자기 육체를 가리켜 말씀하신 것이라

22 죽은 자 가운데서 살아나신 후에야 제자들이 이 말씀하신 것을 기억하고 성경과 예수께서 하신 말씀을 믿었더라

예수는 사람의 마음속을 아신다

23 유월절에 예수께서 예루살렘에 계시니 많은 사람이 그의 행하시는 표적을 보고 그의 이름을 믿었으나

24 예수는 그의 몸을 그들에게 의탁하지 아니하셨으니 이는 친히 모든 사람을 아심이요

25 또 사람에 대하여 누구의 증언도 받으실 필요가 없었으니 이는 그가 친히 사람의 속에 있는 것을 아셨음이라

예수와 니고데모

3 그런데 바리새인 중에 니고데모라 하

for your house will consume me."

18 The Jews then responded to him, "What sign can you show us to prove your authority to do all this?"

19 Jesus answered them, "Destroy this temple, and I will raise it again in three days."

20 They replied, "It has taken forty-six years to build this temple, and you are going to raise it in three days?"

21 But the temple he had spoken of was his body.

22 After he was raised from the dead, his disciples recalled what he had said. Then they believed the scripture and the words that Jesus had spoken.

23 Now while he was in Jerusalem at the Passover Festival, many people saw the signs he was performing and believed in his name.

24 But Jesus would not entrust himself to them, for he knew all people.

25 He did not need any testimony about mankind, for he knew what was in each person.

Jesus Teaches Nicodemus

3 Now there was a Pharisee, a man named Nicodemus who was a member of the Jewish

---

17 **consume** [kənsúːm] (질투 등에) 사로잡히다
18 **respond** [rispánd] 반응하다, 응답하다
   sign [sain] 표시, 기적
   prove [pruːv] 증명하다, 입증하다
   authority [əθɔ́ːrəti] 권위, 권한
19 **destroy** [distrɔ́i] 파괴하다, 무너뜨리다
   raise [reiz] 올리다, …을 일으키다
22 **scripture** [skríptʃər] 성경, 성서

23 **festival** [féstəvəl] 축제, 행사
   perform [pərfɔ́ːrm] 행하다
   believe in: …(의 존재)를 믿다
24 **entrust** [intrʌ́st] 맡기다, 위임하다
25 **testimony** [téstəmòuni] 증언
   mankind [mǽnkaind] 인류, 인간
1 **Pharisee** [fǽrisìː] 바리새인
   Jewish [dʒúːiʃ] 유대인의

18

19

20

21

22

23

24

25

Jesus Teaches Nicodemus

3

는 사람이 있으니 유대인의 지도자라

2 그가 밤에 예수께 와서 이르되 랍비여 우리가 당신은 하나님께로부터 오신 선생인 줄 아나이다 하나님이 함께 하시지 아니하시면 당신이 행하시는 이 표적을 아무도 할 수 없음이니이다

3 예수께서 대답하여 이르시되 진실로 진실로 네게 이르노니 사람이 거듭나지 아니하면 하나님의 나라를 볼 수 없느니라

4 니고데모가 이르되 사람이 늙으면 어떻게 날 수 있사옵나이까 두 번째 모태에 들어갔다가 날 수 있사옵나이까

5 예수께서 대답하시되 진실로 진실로 네게 이르노니 사람이 물과 성령으로 나지 아니하면 하나님의 나라에 들어갈 수 없느니라

6 육으로 난 것은 육이요 영으로 난 것은 영이니

7 내가 네게 거듭나야 하겠다 하는 말을 놀랍게 여기지 말라

8 바람이 임의로 불매 네가 그 소리는 들어도 어디서 와서 어디로 가는지 알지 못하나니 성령으로 난 사람도 다 그러하니라

9 니고데모가 대답하여 이르되 어찌 그러한 일이 있을 수 있나이까

ruling council.

2 He came to Jesus at night and said, "Rabbi, we know that you are a teacher who has come from God. For no one could perform the signs you are doing if God were not with him."

3 Jesus replied, "Very truly I tell you, no one can see the kingdom of God unless they are born again."

4 "How can someone be born when they are old?" Nicodemus asked. "Surely they cannot enter a second time into their mother's womb to be born!"

5 Jesus answered, "Very truly I tell you, no one can enter the kingdom of God unless they are born of water and the Spirit.

6 Flesh gives birth to flesh, but the Spirit gives birth to spirit.

7 You should not be surprised at my saying, 'You must be born again.'

8 The wind blows wherever it pleases. You hear its sound, but you cannot tell where it comes from or where it is going. So it is with everyone born of the Spirit."

9 "How can this be?" Nicodemus asked.

---

1 **ruling** [rúːliŋ] 지배하는, 집권하는
council [káunsəl] 의회, 위원회
2 **rabbi** [ræbai] 랍비, 유대인 율법학자
come from: 나오다, …에서 오다
3 **truly** [trúːli] 진정, 진실로
kingdom [kíŋdəm] 왕국
unless [ənlés] …하지 않는다면
be born again: 거듭나다, 다시 태어나다

4 **surely** [ʃúərli] 확실히, 틀림없이
second time: 두 번째
womb [wuːm] 자궁
6 **flesh** [fleʃ] 살, 육체
give birth to: …을 낳다
7 **be surprised at:** …에 놀라다
8 **blow** [blou] 불다
wherever [hwɛərévər] 어디든

2

3

4

5

6

7

8

9

10 예수께서 그에게 대답하여 이르시되 너는 이스라엘의 선생으로서 이러한 것들을 알지 못하느냐

11 진실로 진실로 네게 이르노니 우리는 아는 것을 말하고 본 것을 증언하노라 그러나 너희가 우리의 증언을 받지 아니하는도다

12 내가 땅의 일을 말하여도 너희가 믿지 아니하거든 하물며 하늘의 일을 말하면 어떻게 믿겠느냐

13 하늘에서 내려온 자 곧 인자 외에는 하늘에 올라간 자가 없느니라

14 모세가 광야에서 뱀을 든 것 같이 인자도 들려야 하리니

15 이는 그를 믿는 자마다 영생을 얻게 하려 하심이니라

16 하나님이 세상을 이처럼 사랑하사 독생자를 주셨으니 이는 그를 믿는 자마다 멸망하지 않고 영생을 얻게 하려 하심이라

17 하나님이 그 아들을 세상에 보내신 것은 세상을 심판하려 하심이 아니요 그로 말미암아 세상이 구원을 받게 하려 하심이라

18 그를 믿는 자는 심판을 받지 아니하는 것이요 믿지 아니하는 자는 하나님의 독생자의 이름을 믿지 아니하므로 벌써 심판을 받은 것이니라

10 "You are Israel's teacher," said Jesus, "and do you not understand these things?

11 Very truly I tell you, we speak of what we know, and we testify to what we have seen, but still you people do not accept our testimony.

12 I have spoken to you of earthly things and you do not believe; how then will you believe if I speak of heavenly things?

13 No one has ever gone into heaven except the one who came from heaven—the Son of Man.

14 Just as Moses lifted up the snake in the wilderness, so the Son of Man must be lifted up,

15 that everyone who believes may have eternal life in him."

16 For God so loved the world that he gave his one and only Son, that whoever believes in him shall not perish but have eternal life.

17 For God did not send his Son into the world to condemn the world, but to save the world through him.

18 Whoever believes in him is not condemned, but whoever does not believe stands condemned already because they have not believed in the name of God's one and only Son.

---

11 **testify** [téstəfài] 증언하다, 증명하다
   accept [æksépt] 받아들이다
   testimony [téstəmòuni] 증언
12 **earthly** [ə́ːrθli] 이 세상의, 지상의
   believe [bilíːv] 믿다, 신뢰하다
   heavenly [hévənli] 하늘의, 신성한
13 **except** [iksépt] 제외하다, 외에는
14 **just as**: 처럼, 만큼

lift [lift] 들어 올리다
wilderness [wíldərnis] 광야, 황무지
15 **eternal** [itə́ːrnəl] 영원한, 불멸의
16 **whoever** [huːévər] 누구나
   perish [périʃ] 사라지다, 죽다
17 **condemn** [kəndém] 유죄 판결을 내리다
18 **stand condemned**: 정죄를 받다(받은 상태이다)
   already [ɔːlrédi] 이미, 완전히

10

11

12

13

14

15

16

17

18

19 그 정죄는 이것이니 곧 빛이 세상에 왔으되 사람들이 자기 행위가 악하므로 빛보다 어둠을 더 사랑한 것이니라

20 악을 행하는 자마다 빛을 미워하여 빛으로 오지 아니하나니 이는 그 행위가 드러날까 함이요

21 진리를 따르는 자는 빛으로 오나니 이는 그 행위가 하나님 안에서 행한 것임을 나타내려 함이라 하시니라

그는 흥하고 나는 쇠하여야 하리라

22 그 후에 예수께서 제자들과 유대 땅으로 가서 거기 함께 유하시며 세례를 베푸시더라

23 요한도 살렘 가까운 애논에서 세례를 베푸니 거기 물이 많음이라 그러므로 사람들이 와서 세례를 받더라

24 요한이 아직 옥에 갇히지 아니하였더라

25 이에 요한의 제자 중에서 한 유대인과 더불어 정결예식에 대하여 변론이 되었더니

26 그들이 요한에게 가서 이르되 랍비여 선생님과 함께 요단 강 저편에 있던 이 곧 선생님이 증언하시던 이가 세례를 베풀매 사람이 다 그에게로 가더이다

19 This is the verdict: Light has come into the world, but people loved darkness instead of light because their deeds were evil.

20 Everyone who does evil hates the light, and will not come into the light for fear that their deeds will be exposed.

21 But whoever lives by the truth comes into the light, so that it may be seen plainly that what they have done has been done in the sight of God.

John Testifies Again About Jesus

22 After this, Jesus and his disciples went out into the Judean countryside, where he spent some time with them, and baptized.

23 Now John also was baptizing at Aenon near Salim, because there was plenty of water, and people were coming and being baptized.

24 (This was before John was put in prison.)

25 An argument developed between some of John's disciples and a certain Jew over the matter of ceremonial washing.

26 They came to John and said to him, "Rabbi, that man who was with you on the other side of the Jordan—the one you testified about—look, he is baptizing, and everyone is going to him."

19 verdict [və́ːrdikt] 판결, 심판
instead of: 대신에
deed [diːd] 행위, 행동
20 hate [heit] 싫어하다
expose [ikspóuz] 노출하다, 드러내다
21 so that: …하기 위하여
plainly [pléinli] 분명히, 명백히
in the sight of: …의 판단(의견)으로

22 countryside [kʌ́ntrisaid] 지방, 시골
23 near [niər] 근처, 인접한
plenty of [plénti] 많은, 풍부한
24 prison [prízn] 감옥, 교도소
25 argument [áːrgjumənt] 논쟁, 말다툼
develop [divéləp] 전개하다
Jew [dʒuː] 유대인, 이스라엘인
ceremonial [sèrəmóuniəl] 의식, 예식

19

20

21

John Testifies Again About Jesus

22

23

24

25

26

27 요한이 대답하여 이르되 만일 하늘에서 주신 바 아니면 사람이 아무 것도 받을 수 없느니라

28 내가 말한 바 나는 그리스도가 아니요 그의 앞에 보내심을 받은 자라고 한 것을 증언할 자는 너희니라

29 신부를 취하는 자는 신랑이나 서서 신랑의 음성을 듣는 친구가 크게 기뻐하나니 나는 이러한 기쁨으로 충만하였노라

30 그는 흥하여야 하겠고 나는 쇠하여야 하리라 하니라

하늘로부터 오시는 이

31 위로부터 오시는 이는 만물 위에 계시고 땅에서 난 이는 땅에 속하여 땅에 속한 것을 말하느니라 하늘로부터 오시는 이는 만물 위에 계시나니

32 그가 친히 보고 들은 것을 증언하되 그의 증언을 받는 자가 없도다

33 그의 증언을 받는 자는 하나님이 참되시다는 것을 인쳤느니라

34 하나님이 보내신 이는 하나님의 말씀을 하나니 이는 하나님이 성령을 한량 없이 주심이니라

35 아버지께서 아들을 사랑하사 만물을 다 그의 손에 주셨으니

36 아들을 믿는 자에게는 영생이 있고

27 To this John replied, "A person can receive only what is given them from heaven.

28 You yourselves can testify that I said, 'I am not the Messiah but am sent ahead of him.'

29 The bride belongs to the bridegroom. The friend who attends the bridegroom waits and listens for him, and is full of joy when he hears the bridegroom's voice. That joy is mine, and it is now complete.

30 He must become greater; I must become less."

31 The one who comes from above is above all; the one who is from the earth belongs to the earth, and speaks as one from the earth. The one who comes from heaven is above all.

32 He testifies to what he has seen and heard, but no one accepts his testimony.

33 Whoever has accepted it has certified that God is truthful.

34 For the one whom God has sent speaks the words of God, for God gives the Spirit without limit.

35 The Father loves the Son and has placed everything in his hands.

36 Whoever believes in the Son has eternal life,

27 **receive** [risíːv] 받다, 받아들이다
28 **yourself** [juərsélf] 너 자신, 당신 스스로
testify [téstəfài] 증언하다, 증명하다
ahead of: …의 앞에, …에 앞서서
29 **attend** [əténd] 참석하다, 주의를 기울이다
full of: …으로 가득찬
joy [dʒɔi] 기쁨
complete [kəmplíːt] 완성되다, 완료하다
30 **become** [bikʌ́m] …이 되다
31 **above** [əbʌ́v] 위에, 하늘에
belong to: …에 속하다
32 **accept** [æksépt] 받아들이다
33 **certify** [sə́ːrtəfài] 증명하다
truthful [trúːθfəl] 진실한, 참된
34 **limit** [límit] 한계, 한정하다
36 **eternal life:** 영생

27

28

29

30

31

32

33

34

35

36

아들에게 순종하지 아니하는 자는 영생을 보지 못하고 도리어 하나님의 진노가 그 위에 머물러 있느니라

사마리아 여자와 말씀하시다

4 예수께서 제자를 삼고 세례를 베푸시는 것이 요한보다 많다 하는 말을 바리새인들이 들은 줄을 주께서 아신지라

2 (예수께서 친히 세례를 베푸신 것이 아니요 제자들이 베푼 것이라)

3 유대를 떠나사 다시 갈릴리로 가실새

4 사마리아를 통과하여야 하겠는지라

5 사마리아에 있는 수가라 하는 동네에 이르시니 야곱이 그 아들 요셉에게 준 땅이 가깝고

6 거기 또 야곱의 우물이 있더라 예수께서 길 가시다가 피곤하여 우물 곁에 그대로 앉으시니 때가 여섯 시쯤 되었더라

7 사마리아 여자 한 사람이 물을 길으러 왔으매 예수께서 물을 좀 달라 하시니

8 이는 제자들이 먹을 것을 사러 그 동네에 들어갔음이러라

9 사마리아 여자가 이르되 당신은 유대인으로서 어찌하여 사마리아 여자인 나에게 물을 달라 하나이까 하니 이는 유대인이 사마리아인과 상종하지 아니함이러라

but whoever rejects the Son will not see life, for God's wrath remains on them.

Jesus Talks With a Samaritan Woman

4 Now Jesus learned that the Pharisees had heard that he was gaining and baptizing more disciples than John—

2 although in fact it was not Jesus who baptized, but his disciples.

3 So he left Judea and went back once more to Galilee.

4 Now he had to go through Samaria.

5 So he came to a town in Samaria called Sychar, near the plot of ground Jacob had given to his son Joseph.

6 Jacob's well was there, and Jesus, tired as he was from the journey, sat down by the well. It was about noon.

7 When a Samaritan woman came to draw water, Jesus said to her, "Will you give me a drink?"

8 (His disciples had gone into the town to buy food.)

9 The Samaritan woman said to him, "You are a Jew and I am a Samaritan woman. How can you ask me for a drink?" (For Jews do not associate with Samaritans.)

36 **reject** [ridʒékt] 거절하다
wrath [ræθ] 분노, 격노
remain [riméin] 머무르다, 남다
2 **although** [ɔːlðóu] 비록 …이지만
3 **once more:** 한 번 더
4 **go through:** 통과하다
5 **plot** [plat] 작은 지면(땅)
ground [graund] 땅

6 **well** [wel] 우물
tired [taiərd] 피곤한
journey [dʒɔ́ːrni] 여행, 여정
noon [nuːn] 정오
7 **Samaritan** [səmaérətn] 사마리아인
8 **go into:** …에 들어가다
9 **ask A for B:** A에게 B를 부탁하다
associate [əsóuʃièit] 어울리다

Jesus Talks With a Samaritan Woman

4

2

3

4

5

6

7

8

9

10 예수께서 대답하여 이르시되 네가 만일 하나님의 선물과 또 네게 물 좀 달라 하는 이가 누구인 줄 알았더라면 네가 그에게 구하였을 것이요 그가 생수를 네게 주었으리라

11 여자가 이르되 주여 물 길을 그릇도 없고 이 우물은 깊은데 어디서 당신이 그 생수를 얻겠사옵나이까

12 우리 조상 야곱이 이 우물을 우리에게 주셨고 또 여기서 자기와 자기 아들들과 짐승이 다 마셨는데 당신이 야곱보다 더 크니이까

13 예수께서 대답하여 이르시되 이 물을 마시는 자마다 다시 목마르려니와

14 내가 주는 물을 마시는 자는 영원히 목마르지 아니하리니 내가 주는 물은 그 속에서 영생하도록 솟아나는 샘물이 되리라

15 여자가 이르되 주여 그런 물을 내게 주사 목마르지도 않고 또 여기 물 길으러 오지도 않게 하옵소서

16 이르시되 가서 네 남편을 불러 오라

17 여자가 대답하여 이르되 나는 남편이 없나이다 예수께서 이르시되 네가 남편이 없다 하는 말이 옳도다

18 너에게 남편 다섯이 있었고 지금 있

10 Jesus answered her, "If you knew the gift of God and who it is that asks you for a drink, you would have asked him and he would have given you living water."

11 "Sir," the woman said, "you have nothing to draw with and the well is deep. Where can you get this living water?

12 Are you greater than our father Jacob, who gave us the well and drank from it himself, as did also his sons and his livestock?"

13 Jesus answered, "Everyone who drinks this water will be thirsty again,

14 but whoever drinks the water I give them will never thirst. Indeed, the water I give them will become in them a spring of water welling up to eternal life."

15 The woman said to him, "Sir, give me this water so that I won't get thirsty and have to keep coming here to draw water."

16 He told her, "Go, call your husband and come back."

17 "I have no husband," she replied.
Jesus said to her, "You are right when you say you have no husband.

18 The fact is, you have had five husbands, and the

---

11 **sir** [sər] 선생님, 경, 아저씨
   draw [drɔː] 퍼내다
   deep [diːp] 깊은
12 **one's father**: 조상, 선조
   livestock [láivstàk] 가축
13 **thirsty** [θə́ːrsti] 목이 마른, 갈증난
14 **whoever** [huːévər] 누구나
   indeed [indíd] 실로, 참으로

become [bikʌ́m] …이 되다
spring [spriŋ] 샘, 분출하다
well up: 샘솟다
eternal life: 영생
15 **so that**: …하도록, 그래서
   keep …ing: 계속 …하다
16 **husband** [hʌ́zbənd] 남편
17 **reply** [riplái] 대답하다

10

11

12

13

14

15

16

17

18

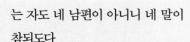

는 자도 네 남편이 아니니 네 말이 참되도다

19 여자가 이르되 주여 내가 보니 선지자로소이다

20 우리 조상들은 이 산에서 예배하였는데 당신들의 말은 예배할 곳이 예루살렘에 있다 하더이다

21 예수께서 이르시되 여자여 내 말을 믿으라 이 산에서도 말고 예루살렘에서도 말고 너희가 아버지께 예배할 때가 이르리라

22 너희는 알지 못하는 것을 예배하고 우리는 아는 것을 예배하노니 이는 구원이 유대인에게서 남이라

23 아버지께 참되게 예배하는 자들은 영과 진리로 예배할 때가 오나니 곧 이 때라 아버지께서는 자기에게 이렇게 예배하는 자들을 찾으시느니라

24 하나님은 영이시니 예배하는 자가 영과 진리로 예배할지니라

25 여자가 이르되 메시야 곧 그리스도라 하는 이가 오실 줄을 내가 아노니 그가 오시면 모든 것을 우리에게 알려 주시리이다

26 예수께서 이르시되 네게 말하는 내가 그라 하시니라

man you now have is not your husband. What you have just said is quite true."

19 "Sir," the woman said, "I can see that you are a prophet.

20 Our ancestors worshiped on this mountain, but you Jews claim that the place where we must worship is in Jerusalem."

21 "Woman," Jesus replied, "believe me, a time is coming when you will worship the Father neither on this mountain nor in Jerusalem.

22 You Samaritans worship what you do not know; we worship what we do know, for salvation is from the Jews.

23 Yet a time is coming and has now come when the true worshipers will worship the Father in the Spirit and in truth, for they are the kind of worshipers the Father seeks.

24 God is spirit, and his worshipers must worship in the Spirit and in truth."

25 The woman said, "I know that Messiah" (called Christ) "is coming. When he comes, he will explain everything to us."

26 Then Jesus declared, "I, the one speaking to you—I am he."

19 **prophet** [práfit] 예언자
20 **ancestor** [ǽnsestər] 선조, 조상
   worship [wɔ́ːrʃip] 예배, 경배
   Jew [dʒuː] 유대인, 이스라엘인
   claim [kleim] 주장하다
   must [məst] 반드시 …하다
21 **neither A nor B:** A도 B도 아니다
22 **salvation** [sælvéiʃən] 구원, 구조

23 **yet** [jet] 그러나, 아직
   Spirit [spírit] (the) 성령, 영
   kind of: 같은, 종류
   seek [siːk] 추구하다, 찾다
25 **Messiah** [misáiə] 구세주, 메시아
   Christ [kraist] 그리스도, 구세주
   explain [ikspléin] 설명하다, 알려주다
26 **declare** [dikléər] 선언하다, 말하다

19

20

21

22

23

24

25

26

27 이 때에 제자들이 돌아와서 예수께서 여자와 말씀하시는 것을 이상히 여겼으나 무엇을 구하시나이까 어찌하여 그와 말씀하시나이까 묻는 자가 없더라

28 여자가 물동이를 버려 두고 동네로 들어가서 사람들에게 이르되

29 내가 행한 모든 일을 내게 말한 사람을 와서 보라 이는 그리스도가 아니냐 하니

30 그들이 동네에서 나와 예수께로 오더라

31 그 사이에 제자들이 청하여 이르되 랍비여 잡수소서

32 이르시되 내게는 너희가 알지 못하는 먹을 양식이 있느니라

33 제자들이 서로 말하되 누가 잡수실 것을 갖다 드렸는가 하니

34 예수께서 이르시되 나의 양식은 나를 보내신 이의 뜻을 행하며 그의 일을 온전히 이루는 이것이니라

35 너희는 넉 달이 지나야 추수할 때가 이르겠다 하지 아니하느냐 그러나 나는 너희에게 이르노니 너희 눈을 들어 밭을 보라 희어져 추수하게 되었도다

36 거두는 자가 이미 삯도 받고 영생에 이르는 열매를 모으나니 이는 뿌리

The Disciples Rejoin Jesus

27 Just then his disciples returned and were surprised to find him talking with a woman. But no one asked, "What do you want?" or "Why are you talking with her?"

28 Then, leaving her water jar, the woman went back to the town and said to the people,

29 "Come, see a man who told me everything I ever did. Could this be the Messiah?"

30 They came out of the town and made their way toward him.

31 Meanwhile his disciples urged him, "Rabbi, eat something."

32 But he said to them, "I have food to eat that you know nothing about."

33 Then his disciples said to each other, "Could someone have brought him food?"

34 "My food," said Jesus, "is to do the will of him who sent me and to finish his work.

35 Don't you have a saying, 'It's still four months until harvest'? I tell you, open your eyes and look at the fields! They are ripe for harvest.

36 Even now the one who reaps draws a wage and harvests a crop for eternal life, so that the sower

---

27 **just then:** 바로 그때
28 **leave** [liːv] 떠나다
   jar [dʒɑːr] 항아리, 단지
30 **toward** [tɔːrd] 쪽으로, 향하여
31 **meanwhile** [míːnwàil] …동안
   urge [əːrdʒ] 촉구하다, 강권하다
   rabbi [rǽbai] 랍비, 유대인 율법학자
33 **each other:** 서로

34 **finish** [fíniʃ] 마치다, 끝나다
35 **harvest** [hάːrvist] 수확, 추수
   field [fiːld] 벌판, 들
   ripe [raip] 익은, 여문
36 **reap** [riːp] 거둬들이다
   wage [weidʒ] 급여, 삯
   crop [krap] 농작물
   sower [sóuər] 씨뿌리는 사람

The Disciples Rejoin Jesus

27

28

29

30

31

32

33

34

35

36

는 자와 거두는 자가 함께 즐거워하
게 하려 함이라

37 그런즉 한 사람이 심고 다른 사람이
거둔다 하는 말이 옳도다

38 내가 너희로 노력하지 아니한 것을
거두러 보내었노니 다른 사람들은
노력하였고 너희는 그들이 노력한 것
에 참여하였느니라

39 여자의 말이 내가 행한 모든 것을 그
가 내게 말하였다 증언하므로 그 동
네 중에 많은 사마리아인이 예수를
믿는지라

40 사마리아인들이 예수께 와서 자기들
과 함께 유하시기를 청하니 거기서
이틀을 유하시매

41 예수의 말씀으로 말미암아 믿는 자
가 더욱 많아

42 그 여자에게 말하되 이제 우리가 믿
는 것은 네 말로 인함이 아니니 이는
우리가 친히 듣고 그가 참으로 세상
의 구주신 줄 앎이라 하였더라

왕의 신하의 아들을 고치시다

43 이틀이 지나매 예수께서 거기를 떠
나 갈릴리로 가시며

44 친히 증언하시기를 선지자가 고향에
서는 높임을 받지 못한다 하시고

45 갈릴리에 이르시매 갈릴리인들이 그

and the reaper may be glad together.

37 Thus the saying 'One sows and another reaps' is true.

38 I sent you to reap what you have not worked for. Others have done the hard work, and you have reaped the benefits of their labor."

Many Samaritans Believe

39 Many of the Samaritans from that town believed in him because of the woman's testimony, "He told me everything I ever did."

40 So when the Samaritans came to him, they urged him to stay with them, and he stayed two days.

41 And because of his words many more became believers.

42 They said to the woman, "We no longer believe just because of what you said; now we have heard for ourselves, and we know that this man really is the Savior of the world."

Jesus Heals an Official's Son

43 After the two days he left for Galilee.

44 (Now Jesus himself had pointed out that a prophet has no honor in his own country.)

45 When he arrived in Galilee, the Galileans welcomed him. They had seen all that he had

---

37 **sow** [sou] 뿌리다, 심다
38 **others** [ʌðərs] 다른 사람들
　hard work: 노고, 수고
　benefit [bénəfit] 이익, 이득
　labor [léibər] 노동, 수고
39 **Samaritan** [səmaérətn] 사마리아인
　believe in: …(의 존재)를 믿다
　testimony [téstəmòuni] 증언

40 **urge** [əːrdʒ] 촉구하다, 강권하다
42 **ourselves** [aːrsélvz] 우리 스스로
　Savior [séivjər] (the) 구세주, 예수님을 칭함
44 **point out**: 언급하다, 지적하다
　prophet [práfit] 예언자
　honor [ánər] 영광, 경의
45 **arrive** [əráiv] 도착하다
　Galilean [gæləliːən] 갈릴리 사람

37

38

Many Samaritans Believe

39

40

41

42

Jesus Heals an Official's Son

43

44

45

를 영접하니 이는 자기들도 명절에
갔다가 예수께서 명절중 예루살렘에
서 하신 모든 일을 보았음이더라
46 예수께서 다시 갈릴리 가나에 이르
시니 전에 물로 포도주를 만드신 곳
이라 왕의 신하가 있어 그의 아들이
가버나움에서 병들었더니
47 그가 예수께서 유대로부터 갈릴리로
오셨다는 것을 듣고 가서 청하되 내
려오셔서 내 아들의 병을 고쳐 주소
서 하니 그가 거의 죽게 되었음이라
48 예수께서 이르시되 너희는 표적과
기사를 보지 못하면 도무지 믿지 아
니하리라
49 신하가 이르되 주여 내 아이가 죽기
전에 내려오소서
50 예수께서 이르시되 가라 네 아들이
살아 있다 하시니 그 사람이 예수께
서 하신 말씀을 믿고 가더니
51 내려가는 길에서 그 종들이 오다가
만나서 아이가 살아 있다 하거늘
52 그 낫기 시작한 때를 물은즉 어제 일
곱 시에 열기가 떨어졌나이다 하는
지라
53 그의 아버지가 예수께서 네 아들이
살아 있다 말씀하신 그 때인 줄 알고
자기와 그 온 집안이 다 믿으니라

done in Jerusalem at the Passover Festival, for
they also had been there.
46 Once more he visited Cana in Galilee, where
he had turned the water into wine. And there
was a certain royal official whose son lay sick at
Capernaum.
47 When this man heard that Jesus had arrived in
Galilee from Judea, he went to him and begged
him to come and heal his son, who was close to
death.
48 "Unless you people see signs and wonders,"
Jesus told him, "you will never believe."
49 The royal official said, "Sir, come down before
my child dies."
50 "Go," Jesus replied, "your son will live."
The man took Jesus at his word and departed.
51 While he was still on the way, his servants met
him with the news that his boy was living.
52 When he inquired as to the time when his son
got better, they said to him, "Yesterday, at one in
the afternoon, the fever left him."
53 Then the father realized that this was the exact
time at which Jesus had said to him, "Your son
will live." So he and his whole household believed.

45 **Passover** [pǽsòuˌvər] 유월절
46 **visit** [vízit] 방문하다
certain [sə́:rtn] 어떤, 특정한
royal [rɔ́iəl] 왕실의, 왕족
official [əfíʃəl] 관리, 공무원
47 **beg** [beg] 간청하다, 탄원하다
heal [hi:l] 치료하다
48 **unless** [ənlés] …하지 않으면
50 **depart** [dipɑ́:rt] 출발하다, 떠나다
51 **on the way:** …로 가는 도중에
servant [sə́:rvənt] 하인, 종
52 **inquire** [inkwáiər] 묻다
fever [fí:vər] 열, 고열
53 **realize** [rí:əlàiz] 깨닫다, 알다
whole [houl] 전체, 전부
household [háushòuld] 가족, 가정

46

47

48

49

50

51

52

53

54 이것은 예수께서 유대에서 갈릴리로 오신 후에 행하신 두 번째 표적이니라

오래된 병을 고치시다

5 그 후에 유대인의 명절이 되어 예수께서 예루살렘에 올라가시니라

2 예루살렘에 있는 양문 곁에 히브리 말로 베데스다라 하는 못이 있는데 거기 행각 다섯이 있고

3 그 안에 많은 병자, 맹인, 다리 저는 사람, 혈기 마른 사람들이 누워 물의 움직임을 기다리니

4 이는 천사가 가끔 못에 내려와 물을 움직이게 하는데 움직인 후에 먼저 들어가는 자는 어떤 병에 걸렸든지 낫게 됨이러라

5 거기 서른여덟 해 된 병자가 있더라

6 예수께서 그 누운 것을 보시고 병이 벌써 오래된 줄 아시고 이르시되 네가 낫고자 하느냐

7 병자가 대답하되 주여 물이 움직일 때에 나를 못에 넣어 주는 사람이 없어 내가 가는 동안에 다른 사람이 먼저 내려가나이다

8 예수께서 이르시되 일어나 네 자리를 들고 걸어가라 하시니

9 그 사람이 곧 나아서 자리를 들고 걸어가나라

54 This was the second sign Jesus performed after coming from Judea to Galilee.

The Healing at the Pool

5 Some time later, Jesus went up to Jerusalem for one of the Jewish festivals.

2 Now there is in Jerusalem near the Sheep Gate a pool, which in Aramaic is called Bethesda and which is surrounded by five covered colonnades.

3 Here a great number of disabled people used to lie—the blind, the lame, the paralyzed.

4 [a]

5 One who was there had been an invalid for thirty-eight years.

6 When Jesus saw him lying there and learned that he had been in this condition for a long time, he asked him, "Do you want to get well?"

7 "Sir," the invalid replied, "I have no one to help me into the pool when the water is stirred. While I am trying to get in, someone else goes down ahead of me."

8 Then Jesus said to him, "Get up! Pick up your mat and walk."

9 At once the man was cured; he picked up his mat and walked.

---

54 **perform** [pərfɔ́ːrm] 수행하다, 실행하다
2 **pool** [puːl] 물 웅덩이, 작은 못
Aramaic [ærəméiik] 아람어, 아람어의
surround [səráund] 둘러싸다
colonnade [kàlənéid] 주랑, 줄기둥이 있는 복도
3 **disabled** [diséibld] 장애의, 불편한
blind [blaind] 시각장애의, 눈먼
lame [leim] 절름발이의

paralyzed [pǽrəlàizd] 마비된
5 **invalid** [ínvəlid] (오래된) 병자
6 **condition** [kəndíʃən] 상태
get well: 병이 회복되는
7 **stir** [stəːr] 젓다, 섞다
someone else: 누군가, 다른 사람
8 **pick up**: 집다, 들다
9 **cure** [kjuər] 치료하다, 고치다

---

44 *5:3,4. 어떤 사본에는 요5:3,4절에 전체적 또는 부분적으로 '마비된 사람들이 있었고 그들은 물이 움직이기를 기다렸다. 때때로 주님의 천사가 내려와 물을 휘저었다. 물이 움직인 후에 제일 먼저 연못에 들어간 사람은 어떤 병이든 낫게 되었다.' 라는 구절이 포함되어 있습니다.

54

The Healing at the Pool

5

2

3

4

5

6

7

8

9

---

a5:3,4. Some manuscripts include here, wholly or in part, paralyzed—and they waited for the moving of the waters. 4 From time to time an angel of the Lord would come down and stir up the waters. The first one into the pool after each such disturbance would be cured of whatever disease they had.

이 날은 안식일이니

10 유대인들이 병 나은 사람에게 이르되 안식일인데 네가 자리를 들고 가는 것이 옳지 아니하니라

11 대답하되 나를 낫게 한 그가 자리를 들고 걸어가라 하더라 하니

12 그들이 묻되 너에게 자리를 들고 걸어가라 한 사람이 누구냐 하되

13 고침을 받은 사람은 그가 누구인지 알지 못하니 이는 거기 사람이 많으므로 예수께서 이미 피하셨음이라

14 그 후에 예수께서 성전에서 그 사람을 만나 이르시되 보라 네가 나았으니 더 심한 것이 생기지 않게 다시는 죄를 범하지 말라 하시니

15 그 사람이 유대인들에게 가서 자기를 고친 이는 예수라 하니라

16 그러므로 안식일에 이러한 일을 행하신다 하여 유대인들이 예수를 박해하게 된지라

17 예수께서 그들에게 이르시되 내 아버지께서 이제까지 일하시니 나도 일한다 하시매

18 유대인들이 이로 말미암아 더욱 예수를 죽이고자 하니 이는 안식일을 범할 뿐만 아니라 하나님을 자기의 친 아버지라 하여 자기를 하나님과

The day on which this took place was a Sabbath,

10 and so the Jewish leaders said to the man who had been healed, "It is the Sabbath; the law forbids you to carry your mat."

11 But he replied, "The man who made me well said to me, 'Pick up your mat and walk.'"

12 So they asked him, "Who is this fellow who told you to pick it up and walk?"

13 The man who was healed had no idea who it was, for Jesus had slipped away into the crowd that was there.

14 Later Jesus found him at the temple and said to him, "See, you are well again. Stop sinning or something worse may happen to you."

15 The man went away and told the Jewish leaders that it was Jesus who had made him well.

The Authority of the Son

16 So, because Jesus was doing these things on the Sabbath, the Jewish leaders began to persecute him.

17 In his defense Jesus said to them, "My Father is always at his work to this very day, and I too am working."

18 For this reason they tried all the more to kill

---

9 **Sabbath** [sǽbəθ] 안식일
10 **forbid** [fərbíd] 금지하다
  carry [kǽri] 옮기다, 운반하다
12 **fellow** [félou] 놈, 녀석, 동료
13 **have no idea:** 전혀 모른다
  slip [slip] 미끄러지다, 사라지다
  crowd [kraud] 군중
14 **worse** [wəːrs] 더 나쁜

15 **go away:** 가버리다, 떠나다
  well [wel] 나은, 건강한
16 **persecute** [pɔ́ːrsikjùːt] 박해하다, 괴롭히다
17 **defense** [diféns] 방어, 변호
  very [véri] (this 뒤에서) 바로, 다름 아닌
18 **reason** [ríːzn] 이유, 원인
  all the more: 더욱더
  kill [kil] 죽이다

10

11

12

13

14

15

The Authority of the Son

16

17

18

동등으로 삼으심이러라

아들의 권한

19 그러므로 예수께서 그들에게 이르시되 내가 진실로 진실로 너희에게 이르노니 아들이 아버지께서 하시는 일을 보지 않고는 아무 것도 스스로 할 수 없나니 아버지께서 행하시는 그것을 아들도 그와 같이 행하느니라

20 아버지께서 아들을 사랑하사 자기가 행하시는 것을 다 아들에게 보이시고 또 그보다 더 큰 일을 보이사 너희로 놀랍게 여기게 하시리라

21 아버지께서 죽은 자들을 일으켜 살리심 같이 아들도 자기가 원하는 자들을 살리느니라

22 아버지께서 아무도 심판하지 아니하시고 심판을 다 아들에게 맡기셨으니

23 이는 모든 사람으로 아버지를 공경하는 것 같이 아들을 공경하게 하려 하심이라 아들을 공경하지 아니하는 자는 그를 보내신 아버지도 공경하지 아니하느니라

24 내가 진실로 진실로 너희에게 이르노니 내 말을 듣고 또 나 보내신 이를 믿는 자는 영생을 얻었고 심판에 이르지 아니하나니 사망에서 생명으로 옮겼느니라

25 진실로 진실로 너희에게 이르노니 죽

him; not only was he breaking the Sabbath, but he was even calling God his own Father, making himself equal with God.

19 Jesus gave them this answer: "Very truly I tell you, the Son can do nothing by himself; he can do only what he sees his Father doing, because whatever the Father does the Son also does.

20 For the Father loves the Son and shows him all he does. Yes, and he will show him even greater works than these, so that you will be amazed.

21 For just as the Father raises the dead and gives them life, even so the Son gives life to whom he is pleased to give it.

22 Moreover, the Father judges no one, but has entrusted all judgment to the Son,

23 that all may honor the Son just as they honor the Father. Whoever does not honor the Son does not honor the Father, who sent him.

24 "Very truly I tell you, whoever hears my word and believes him who sent me has eternal life and will not be judged but has crossed over from death to life.

25 Very truly I tell you, a time is coming and has

---

18 **not only A but B:** A 뿐만 아니라 B도
break [breik] 깨다, 어기다
equal [íːkwəl] 동등한
20 **amazed** [əméizd] 놀란
21 **raise** [reiz] 일으키다, 살리다
dead [ded] 죽은, 시신
be pleased to: …하여 기쁘다, 기꺼이 …하다
22 **moreover** [mɔːróuvər] 더욱이

judge [dʒʌdʒ] 판단하다, 심판하다
judgment [dʒʌdʒmənt] 심판, 판단
23 **honor** [ánər] 영광, 경의
just as: 처럼, 만큼
whoever [huːévər] 누구나
24 **truly** [trúːli] 진정, 진실로
eternal life: 영생
from A to B: A에서 B로

19

20

21

22

23

24

25

은 자들이 하나님의 아들의 음성을 들을 때가 오나니 곧 이 때라 듣는 자는 살아나리라

26 아버지께서 자기 속에 생명이 있음 같이 아들에게도 생명을 주어 그 속에 있게 하셨고

27 또 인자됨으로 말미암아 심판하는 권한을 주셨느니라

28 이를 놀랍게 여기지 말라 무덤 속에 있는 자가 다 그의 음성을 들을 때가 오나니

29 선한 일을 행한 자는 생명의 부활로, 악한 일을 행한 자는 심판의 부활로 나오리라

예수를 믿게 하는 증언

30 내가 아무 것도 스스로 할 수 없노라 듣는 대로 심판하노니 나는 나의 뜻대로 하려 하지 않고 나를 보내신 이의 뜻대로 하려 하므로 내 심판은 의로우니라

31 내가 만일 나를 위하여 증언하면 내 증언은 참되지 아니하되

32 나를 위하여 증언하시는 이가 따로 있으니 나를 위하여 증언하시는 그 증언이 참인 줄 아노라

33 너희가 요한에게 사람을 보내매 요한이 진리에 대하여 증언하였느니라

34 그러나 나는 사람에게서 증언을 취하지 아니하노라 다만 이 말을 하는 것은 너희로 구원을 받게 하려 함이니라

now come when the dead will hear the voice of the Son of God and those who hear will live.

26 For as the Father has life in himself, so he has granted the Son also to have life in himself.

27 And he has given him authority to judge because he is the Son of Man.

28 "Do not be amazed at this, for a time is coming when all who are in their graves will hear his voice

29 and come out—those who have done what is good will rise to live, and those who have done what is evil will rise to be condemned.

30 By myself I can do nothing; I judge only as I hear, and my judgment is just, for I seek not to please myself but him who sent me.

Testimonies About Jesus

31 "If I testify about myself, my testimony is not true.

32 There is another who testifies in my favor, and I know that his testimony about me is true.

33 "You have sent to John and he has testified to the truth.

34 Not that I accept human testimony; but I mention it that you may be saved.

---

26 **grant** [grænt] 부여하다, 주다
27 **authority** [əθɔ́ːrəti] 권한
   judge [dʒʌdʒ] 판단하다, 심판하다
28 **be amazed at:** 몹시 놀라다, 아연하다
   grave [greiv] 무덤
29 **come out:** 나오다, 분명해지다
   evil [íːvəl] 사악한, 악
   condemn [kəndém] 유죄 판결을 내리다

30 **by oneself:** 혼자서, 홀로
   seek [siːk] 추구하다, 찾다
31 **testify** [téstəfài] 증언하다, 증명하다
   testimony [téstəmòuni] 증언
32 **favor** [féivər] 호의
34 **human** [hjúːmən] 인간, 사람
   mention [ménʃən] 언급하다, 거론하다
   save [seiv] 구하다

26

27

28

29

30

Testimonies About Jesus

31

32

33

34

35 요한은 켜서 비추이는 등불이라 너희가 한때 그 빛에 즐거이 있기를 원하였거니와	35 John was a lamp that burned and gave light, and you chose for a time to enjoy his light.
36 내게는 요한의 증거보다 더 큰 증거가 있으니 아버지께서 내게 주사 이루게 하시는 역사 곧 내가 하는 그 역사가 아버지께서 나를 보내신 것을 나를 위하여 증언하는 것이요	36 "I have testimony weightier than that of John. For the works that the Father has given me to finish—the very works that I am doing— testify that the Father has sent me.
37 또한 나를 보내신 아버지께서 친히 나를 위하여 증언하셨느니라 너희는 아무 때에도 그 음성을 듣지 못하였고 그 형상을 보지 못하였으며	37 And the Father who sent me has himself testified concerning me. You have never heard his voice nor seen his form,
38 그 말씀이 너희 속에 거하지 아니하니 이는 그가 보내신 이를 믿지 아니함이라	38 nor does his word dwell in you, for you do not believe the one he sent.
39 너희가 성경에서 영생을 얻는 줄 생각하고 성경을 연구하거니와 이 성경이 곧 내게 대하여 증언하는 것이니라	39 You study the Scriptures diligently because you think that in them you have eternal life. These are the very Scriptures that testify about me,
40 그러나 너희가 영생을 얻기 위하여 내게 오기를 원하지 아니하는도다	40 yet you refuse to come to me to have life.
41 나는 사람에게서 영광을 취하지 아니하노라	41 "I do not accept glory from human beings,
42 다만 하나님을 사랑하는 것이 너희 속에 없음을 알았노라	42 but I know you. I know that you do not have the love of God in your hearts.
43 나는 내 아버지의 이름으로 왔으매 너희가 영접하지 아니하나 만일 다른 사람이 자기 이름으로 오면 영접하리라	43 I have come in my Father's name, and you do not accept me; but if someone else comes in his own name, you will accept him.
44 너희가 서로 영광을 취하고 유일하신	44 How can you believe since you accept glory from one another but do not seek the glory

---

35 **burn** [bəːrn] 타다, 연소하다
36 **weighty** [wéiti] 무거운, 중대한
37 **concerning** [kənsə́ːrniŋ] …에 관하여
38 **dwell** [dwel] 거주하다, 머무르다
39 **study** [stʌ́di] 공부하다, 연구하다
　Scripture [skríptʃər] 성경, 성서
　diligently [díləʤəntli] 부지런히, 열심히
　eternal life: 영생

　the very: 바로, 참으로
40 **yet** [jet] 그러나, 하지만
　refuse [rifjúːz] 거부하다, 거절하다
41 **glory** [glɔ́ːri] 영광
　human being: 인간, 인류
42 **heart** [haːrt] 마음, 중심
44 **since** [sins] …이므로, …이기 때문에
　seek [siːk] 추구하다, 찾다

35

36

37

38

39

40

41

42

43

44

하나님께로부터 오는 영광은 구하지 아니하니 어찌 나를 믿을 수 있느냐

45 내가 너희를 아버지께 고발할까 생각하지 말라 너희를 고발하는 이가 있으니 곧 너희가 바라는 자 모세니라

46 모세를 믿었더라면 또 나를 믿었으리니 이는 그가 내게 대하여 기록하였음이라

47 그러나 그의 글도 믿지 아니하거든 어찌 내 말을 믿겠느냐 하시니라

오천 명을 먹이시다

6 그 후에 예수께서 디베랴의 갈릴리 바다 건너편으로 가시매

2 큰 무리가 따르니 이는 병자들에게 행하시는 표적을 보았음이러라

3 예수께서 산에 오르사 제자들과 함께 거기 앉으시니

4 마침 유대인의 명절인 유월절이 가까운지라

5 예수께서 눈을 들어 큰 무리가 자기에게로 오는 것을 보시고 빌립에게 이르시되 우리가 어디서 떡을 사서 이 사람들을 먹이겠느냐 하시니

6 이렇게 말씀하심은 친히 어떻게 하실지를 아시고 빌립을 시험하고자 하심이라

7 빌립이 대답하되 각 사람으로 조금

that comes from the only God?

45 "But do not think I will accuse you before the Father. Your accuser is Moses, on whom your hopes are set.

46 If you believed Moses, you would believe me, for he wrote about me.

47 But since you do not believe what he wrote, how are you going to believe what I say?"

Jesus Feeds the Five Thousand

6 Some time after this, Jesus crossed to the far shore of the Sea of Galilee (that is, the Sea of Tiberias),

2 and a great crowd of people followed him because they saw the signs he had performed by healing the sick.

3 Then Jesus went up on a mountainside and sat down with his disciples.

4 The Jewish Passover Festival was near.

5 When Jesus looked up and saw a great crowd coming toward him, he said to Philip, "Where shall we buy bread for these people to eat?"

6 He asked this only to test him, for he already had in mind what he was going to do.

7 Philip answered him, "It would take more than

---

45 **accuse** [əkjúːz] 고소하다, 고발하다
hope [houp] 희망, 소망
set [set] …을 두다
46 **write** [rait] 쓰다, 적다
1 **cross** [krɔːs] 건너다
shore [ʃɔːr] 호숫가, 바닷가
2 **crowd** [kraud] 군중
perform [pərfɔ́rm] 수행하다, 실행하다

heal [hiːl] 치료하다
3 **mountainside** [máuntənsàid] 산허리, 산중턱
disciple [disáipl] 제자
4 **Jewish** [dʒúːiʃ] 유대인의
Passover [pǽsou,vər] 유월절
5 **toward** [tɔːrd] 쪽으로, 향하여
6 **have in mind:** …의 일을 생각하고 있다
7 **more than:** …을 넘는, 이상의

45

46

47

Jesus Feeds the Five Thousand

6

2

3

4

5

6

7

씩 받게 할지라도 이백 데나리온의 떡이 부족하리이다

8 제자 중 하나 곧 시몬 베드로의 형제 안드레가 예수께 여짜오되

9 여기 한 아이가 있어 보리떡 다섯 개와 물고기 두 마리를 가지고 있나이다 그러나 그것이 이 많은 사람에게 얼마나 되겠사옵나이까

10 예수께서 이르시되 이 사람들로 앉게 하라 하시니 그 곳에 잔디가 많은지라 사람들이 앉으니 수가 오천 명쯤 되더라

11 예수께서 떡을 가져 축사하신 후에 앉아 있는 자들에게 나눠 주시고 물고기도 그렇게 그들의 원대로 주시니라

12 그들이 배부른 후에 예수께서 제자들에게 이르시되 남은 조각을 거두고 버리는 것이 없게 하라 하시므로

13 이에 거두니 보리떡 다섯 개로 먹고 남은 조각이 열두 바구니에 찼더라

14 그 사람들이 예수께서 행하신 이 표적을 보고 말하되 이는 참으로 세상에 오실 그 선지자라 하더라

15 그러므로 예수께서 그들이 와서 자기를 억지로 붙들어 임금으로 삼으려는 줄 아시고 다시 혼자 산으로 떠

half a year's wages to buy enough bread for each one to have a bite!"

8 Another of his disciples, Andrew, Simon Peter's brother, spoke up,

9 "Here is a boy with five small barley loaves and two small fish, but how far will they go among so many?"

10 Jesus said, "Have the people sit down." There was plenty of grass in that place, and they sat down (about five thousand men were there).

11 Jesus then took the loaves, gave thanks, and distributed to those who were seated as much as they wanted. He did the same with the fish.

12 When they had all had enough to eat, he said to his disciples, "Gather the pieces that are left over. Let nothing be wasted."

13 So they gathered them and filled twelve baskets with the pieces of the five barley loaves left over by those who had eaten.

14 After the people saw the sign Jesus performed, they began to say, "Surely this is the Prophet who is to come into the world."

15 Jesus, knowing that they intended to come and make him king by force, withdrew again to a

---

7　**wage** [wage] 급여, 삯
　have a bite: 한 입 먹다
9　**barley** [béərli] 보리
　loaf [louf] 덩어리, 빵
　among [əmʌ́ŋ] 사이에
10　**plenty of** [plénti] 많은, 풍부한
　grass [græs] 풀, 잔디
　thousand [θáuzənd] 천

11　**distribute** [distríbjuːt] 나눠주다, 공급하다
12　**enough** [inʌ́f] 충분하다
　gather [gǽðər] 모으다
14　**perform** [pərfɔ́ːrm] 수행하다, 실행하다
　surely [ʃúərli] 확실히, 틀림없이
　Prophet [práfit] (the) 선지자
15　**intend** [inténd] 의도하다, 작정하다
　by force: 힘으로

8

9

10

11

12

13

14

15

나 가시니라

바다 위로 걸어오시다

16 저물매 제자들이 바다에 내려가서

17 배를 타고 바다를 건너 가버나움으로 가는데 이미 어두웠고 예수는 아직 그들에게 오시지 아니하셨더니

18 큰 바람이 불어 파도가 일어나더라

19 제자들이 노를 저어 십여 리쯤 가다가 예수께서 바다 위로 걸어 배에 가까이 오심을 보고 두려워하거늘

20 이르시되 내니 두려워하지 말라 하신대

21 이에 기뻐서 배로 영접하니 배는 곧 그들이 가려던 땅에 이르렀더라

생명의 떡

22 이튿날 바다 건너편에 서 있던 무리가 배 한 척 외에 다른 배가 거기 없는 것과 또 어제 예수께서 제자들과 함께 그 배에 오르지 아니하시고 제자들만 가는 것을 보았더니

23 (그러나 디베랴에서 배들이 주께서 축사하신 후 여럿이 떡 먹던 그 곳에 가까이 왔더라)

mountain by himself.

Jesus Walks on the Water

16 When evening came, his disciples went down to the lake,

17 where they got into a boat and set off across the lake for Capernaum. By now it was dark, and Jesus had not yet joined them.

18 A strong wind was blowing and the waters grew rough.

19 When they had rowed about three or four miles, they saw Jesus approaching the boat, walking on the water; and they were frightened.

20 But he said to them, "It is I; don't be afraid."

21 Then they were willing to take him into the boat, and immediately the boat reached the shore where they were heading.

22 The next day the crowd that had stayed on the opposite shore of the lake realized that only one boat had been there, and that Jesus had not entered it with his disciples, but that they had gone away alone.

23 Then some boats from Tiberias landed near the place where the people had eaten the bread after the Lord had given thanks.

---

16 **go down to:** ~로 내려가다
17 **across** [əkrɔ́:s] 건너서, 가로 질러서
18 **strong** [strɔːŋ] 강한, 센
   blow [blou] 불다
   rough [rʌf] 거칠다, 거세다
19 **row** [rou] 노를 젓다
   approach [əpróutʃ] 다가오다, 접근하다
   frighten [fráitn] 두렵게 하다, 놀라게 하다
20 **afraid** [əfréid] 두려워하다
21 **be willing to:** 기꺼이 …하다
   immediately [imíːdiətli] 즉시, 곧
   reach [riːtʃ] 도착하다, 닿다
   shore [ʃɔːr] 호숫가, 바닷가
22 **opposite** [ápəzit] 반대쪽, 반대편
   realize [ríːəlàiz] 깨닫다, 알다
   enter [éntər] 들어가다

Jesus Walks on the Water

16

17

18

19

20

21

22

23

24 무리가 거기에 예수도 안 계시고 제자들도 없음을 보고 곧 배들을 타고 예수를 찾으러 가버나움으로 가서

25 바다 건너편에서 만나 랍비여 언제 여기 오셨나이까 하니

26 예수께서 대답하여 이르시되 내가 진실로 진실로 너희에게 이르노니 너희가 나를 찾는 것은 표적을 본 까닭이 아니요 떡을 먹고 배부른 까닭이로다

27 썩을 양식을 위하여 일하지 말고 영생하도록 있는 양식을 위하여 하라 이 양식은 인자가 너희에게 주리니 인자는 아버지 하나님께서 인치신 자니라

28 그들이 묻되 우리가 어떻게 하여야 하나님의 일을 하오리이까

29 예수께서 대답하여 이르시되 하나님께서 보내신 이를 믿는 것이 하나님의 일이니라 하시니

30 그들이 묻되 그러면 우리가 보고 당신을 믿도록 행하시는 표적이 무엇이니이까, 하시는 일이 무엇이니이까

31 기록된 바 하늘에서 그들에게 떡을 주어 먹게 하였다 함과 같이 우리 조상들은 광야에서 만나를 먹었나

24 Once the crowd realized that neither Jesus nor his disciples were there, they got into the boats and went to Capernaum in search of Jesus.

Jesus the Bread of Life

25 When they found him on the other side of the lake, they asked him, "Rabbi, when did you get here?"

26 Jesus answered, "Very truly I tell you, you are looking for me, not because you saw the signs I performed but because you ate the loaves and had your fill.

27 Do not work for food that spoils, but for food that endures to eternal life, which the Son of Man will give you. For on him God the Father has placed his seal of approval."

28 Then they asked him, "What must we do to do the works God requires?"

29 Jesus answered, "The work of God is this: to believe in the one he has sent."

30 So they asked him, "What sign then will you give that we may see it and believe you? What will you do?

31 Our ancestors ate the manna in the wilderness; as it is written: 'He gave them bread from heaven

---

24 **crowd** [kraud] 군중
   neither A nor B: A도 B도 아니다
25 **rabbi** [rǽbai] 랍비, 유대인 율법학자
26 **truly** [trúːli] 진정, 진실로
   look for: 찾다
   loaf [louf] 덩어리, 빵
27 **spoil** [spɔil] 상하다, 망치다
   endure [indjúər] 견디다

eternal life: 영생
   seal of approval: 공식적인 승인, 인정
28 **must** [məst] 반드시 …하다
   require [rikwáiər] 요구하다, 필요하다
29 **believe in:** …(의 존재)를 믿다
31 **ancestor** [ǽnsestər] 선조, 조상
   manna [mǽnə] 만나, 하늘이 주신 양식
   wilderness [wíldərnis] 광야, 황야

24

- -

Jesus the Bread of Life

25

26

27

28

29

30

31

이다

32 예수께서 이르시되 내가 진실로 진실로 너희에게 이르노니 모세가 너희에게 하늘로부터 떡을 준 것이 아니라 내 아버지께서 너희에게 하늘로부터 참 떡을 주시나니

33 하나님의 떡은 하늘에서 내려 세상에 생명을 주는 것이니라

34 그들이 이르되 주여 이 떡을 항상 우리에게 주소서

35 예수께서 이르시되 나는 생명의 떡이니 내게 오는 자는 결코 주리지 아니할 터이요 나를 믿는 자는 영원히 목마르지 아니하리라

36 그러나 내가 너희에게 이르기를 너희는 나를 보고도 믿지 아니하는도다 하였느니라

37 아버지께서 내게 주시는 자는 다 내게로 올 것이요 내게 오는 자는 내가 결코 내쫓지 아니하리라

38 내가 하늘에서 내려온 것은 내 뜻을 행하려 함이 아니요 나를 보내신 이의 뜻을 행하려 함이니라

39 나를 보내신 이의 뜻은 내게 주신 자 중에 내가 하나도 잃어버리지 아니하고 마지막 날에 다시 살리는 이것이니라

40 내 아버지의 뜻은 아들을 보고 믿는 자

to eat.'"

32 Jesus said to them, "Very truly I tell you, it is not Moses who has given you the bread from heaven, but it is my Father who gives you the true bread from heaven.

33 For the bread of God is the bread that comes down from heaven and gives life to the world."

34 "Sir," they said, "always give us this bread."

35 Then Jesus declared, "I am the bread of life. Whoever comes to me will never go hungry, and whoever believes in me will never be thirsty.

36 But as I told you, you have seen me and still you do not believe.

37 All those the Father gives me will come to me, and whoever comes to me I will never drive away.

38 For I have come down from heaven not to do my will but to do the will of him who sent me.

39 And this is the will of him who sent me, that I shall lose none of all those he has given me, but raise them up at the last day.

40 For my Father's will is that everyone who looks to the Son and believes in him shall have

---

32 **heaven** [hévən] 하늘, 천국
33 **come down:** 내려오다
34 **sir** [sər] 선생님, 경, 아저씨
   always [ɔ́ːlweiz] 항상, 언제나
35 **declare** [diklέər] 선언하다, 말하다
   whoever [huːévər] 누구나
   never [névər] 결코
   go hungry: 굶주리다, 배고프다

36 **thirsty** [θə́ːrsti] 목마른, 갈증난
36 **still** [stil] 여전히, 아직도
37 **drive away:** 물리치다, 내쫓다
38 **will** [wəl] 의지, 뜻
39 **lose** [luːz] 잃다, 상실하다
   none [nʌn] 아무도, 단 한 사람도
   raise [reiz] 일으키다, 살리다
40 **everyone** [évriwʌn] 모든 사람

32

33

34

35

36

37

38

39

40

마다 영생을 얻는 이것이니 마지막 날에 내가 이를 다시 살리리라 하시니라

41 자기가 하늘에서 내려온 떡이라 하시므로 유대인들이 예수에 대하여 수군거려

42 이르되 이는 요셉의 아들 예수가 아니냐 그 부모를 우리가 아는데 자기가 지금 어찌하여 하늘에서 내려왔다 하느냐

43 예수께서 대답하여 이르시되 너희는 서로 수군거리지 말라

44 나를 보내신 아버지께서 이끌지 아니하시면 아무도 내게 올 수 없으니 오는 그를 내가 마지막 날에 다시 살리리라

45 선지자의 글에 그들이 다 하나님의 가르치심을 받으리라 기록되었은즉 아버지께 듣고 배운 사람마다 내게로 오느니라

46 이는 아버지를 본 자가 있다는 것이 아니니라 오직 하나님에게서 온 자만 아버지를 보았느니라

47 진실로 진실로 너희에게 이르노니 믿는 자는 영생을 가졌나니

48 내가 곧 생명의 떡이니라

49 너희 조상들은 광야에서 만나를 먹었어도 죽었거니와

50 이는 하늘에서 내려오는 떡이니 사람

eternal life, and I will raise them up at the last day."

41 At this the Jews there began to grumble about him because he said, "I am the bread that came down from heaven."

42 They said, "Is this not Jesus, the son of Joseph, whose father and mother we know? How can he now say, 'I came down from heaven'?"

43 "Stop grumbling among yourselves," Jesus answered.

44 "No one can come to me unless the Father who sent me draws them, and I will raise them up at the last day.

45 It is written in the Prophets: 'They will all be taught by God.' Everyone who has heard the Father and learned from him comes to me.

46 No one has seen the Father except the one who is from God; only he has seen the Father.

47 Very truly I tell you, the one who believes has eternal life.

48 I am the bread of life.

49 Your ancestors ate the manna in the wilderness, yet they died.

50 But here is the bread that comes down from

---

40 **eternal life**: 영생
41 **grumble** [grʌmbl] 불평하다, 투덜대다
  come down: 내려오다
43 **among** [əmʌŋ] 사이에
44 **no one**: 아무도 …않다
  unless [ənlés] …하지 않으면
  draw [drɔː] 이끌다, 끌다
45 **Prophet** [práfit] (the) 선지자, 예언서

  teach [tiːtʃ] 가르치다
  learn [ləːrn] 배우다, 익히다
46 **except** [iksépt] 제외하다, 외에는
47 **truly** [trúːli] 진정, 진실로
49 **ancestor** [ǽnsestər] 선조, 조상
  manna [mǽnə] 만나, 하늘이 주신 양식
  wilderness [wíldərnis] 광야, 황야
50 **bread** [bred] 빵, 떡, 생명의 양식

41

42

43

44

45

46

47

48

49

50

으로 하여금 먹고 죽지 아니하게 하는 것이니라

51 나는 하늘에서 내려온 살아 있는 떡이니 사람이 이 떡을 먹으면 영생하리라 내가 줄 떡은 곧 세상의 생명을 위한 내 살이니라 하시니라

52 그러므로 유대인들이 서로 다투어 이르되 이 사람이 어찌 능히 자기 살을 우리에게 주어 먹게 하겠느냐

53 예수께서 이르시되 내가 진실로 진실로 너희에게 이르노니 인자의 살을 먹지 아니하고 인자의 피를 마시지 아니하면 너희 속에 생명이 없느니라

54 내 살을 먹고 내 피를 마시는 자는 영생을 가졌고 마지막 날에 내가 그를 다시 살리리니

55 내 살은 참된 양식이요 내 피는 참된 음료로다

56 내 살을 먹고 내 피를 마시는 자는 내 안에 거하고 나도 그의 안에 거하나니

57 살아 계신 아버지께서 나를 보내시매 내가 아버지로 말미암아 사는 것 같이 나를 먹는 그 사람도 나로 말미암아 살리라

58 이것은 하늘에서 내려온 떡이니 조상들이 먹고도 죽은 그것과 같지 아니하여 이 떡을 먹는 자는 영원히 살리라

heaven, which anyone may eat and not die.

51 I am the living bread that came down from heaven. Whoever eats this bread will live forever. This bread is my flesh, which I will give for the life of the world."

52 Then the Jews began to argue sharply among themselves, "How can this man give us his flesh to eat?"

53 Jesus said to them, "Very truly I tell you, unless you eat the flesh of the Son of Man and drink his blood, you have no life in you.

54 Whoever eats my flesh and drinks my blood has eternal life, and I will raise them up at the last day.

55 For my flesh is real food and my blood is real drink.

56 Whoever eats my flesh and drinks my blood remains in me, and I in them.

57 Just as the living Father sent me and I live because of the Father, so the one who feeds on me will live because of me.

58 This is the bread that came down from heaven. Your ancestors ate manna and died, but whoever feeds on this bread will live forever."

---

50 **anyone** [éniwʌn] 누구든지, 모든 사람
51 **living** [líviŋ] 살아 있는, 생명의
　whoever [huːévər] 누구나
　forever [fərevər] 영원히
　flesh [fleʃ] 살, 육체
52 **Jew** [dʒuː] 유대인, 이스라엘인
　argue [áːrgjuː] 논쟁하다, 말다툼하다
　sharply [ʃáːrpli] 격렬하게, 날카롭게

53 **unless** [ənlés] …하지 않으면
　blood [blʌd] 피, 혈액
55 **real** [ríːəl] 진짜의, 참된
56 **remain** [riméin] 머무르다, 남다
57 **just as:** 처럼, 만큼
　because of: …때문에
　feed on: …을 먹고 살다
58 **ancestor** [ǽnsestər] 선조, 조상

51

52

53

54

55

56

57

58

59 이 말씀은 예수께서 가버나움 회당에서 가르치실 때에 하셨느니라

영생의 말씀

60 제자 중 여럿이 듣고 말하되 이 말씀은 어렵도다 누가 들을 수 있느냐 한대

61 예수께서 스스로 제자들이 이 말씀에 대하여 수군거리는 줄 아시고 이르시되 이 말이 너희에게 걸림이 되느냐

62 그러면 너희는 인자가 이전에 있던 곳으로 올라가는 것을 본다면 어떻게 하겠느냐

63 살리는 것은 영이니 육은 무익하니라 내가 너희에게 이른 말은 영이요 생명이라

64 그러나 너희 중에 믿지 아니하는 자들이 있느니라 하시니 이는 예수께서 믿지 아니하는 자들이 누구며 자기를 팔 자가 누구인지 처음부터 아심이러라

65 또 이르시되 그러므로 전에 너희에게 말하기를 내 아버지께서 오게 하여 주지 아니하시면 누구든지 내게 올 수 없다 하였노라 하시니라

66 그 때부터 그의 제자 중에서 많은 사람이 떠나가고 다시 그와 함께 다니지 아니하더라

67 예수께서 열두 제자에게 이르시되 너희도 가려느냐

59 He said this while teaching in the synagogue in Capernaum.

Many Disciples Desert Jesus

60 On hearing it, many of his disciples said, "This is a hard teaching. Who can accept it?"

61 Aware that his disciples were grumbling about this, Jesus said to them, "Does this offend you?

62 Then what if you see the Son of Man ascend to where he was before!

63 The Spirit gives life; the flesh counts for nothing. The words I have spoken to you—they are full of the Spirit and life.

64 Yet there are some of you who do not believe." For Jesus had known from the beginning which of them did not believe and who would betray him.

65 He went on to say, "This is why I told you that no one can come to me unless the Father has enabled them."

66 From this time many of his disciples turned back and no longer followed him.

67 "You do not want to leave too, do you?" Jesus asked the Twelve.

---

59 **synagogue** [sínəgàg] 유대교의 예배당
60 **disciple** [disáipl] 제자
hard [haːrd] 어려운, 난해한
accept [æksépt] 받아들이다
61 **aware** [əwéər] 알아채다, 인식하다
grumble [grʌmbl] 불평하다, 투덜대다
offend [əfénd] 불쾌하게 하다, 기분 상하다
62 **ascend** [əsénd] 오르다, 올라가다

63 **flesh** [fleʃ] 살, 육체
count for: 가치가 있다, 중요하다
64 **betray** [bitréi] 배반하다, 배신하다
65 **unless** [ənlés] …하지 않으면
enable [inéibl] 가능하게 하다
66 **turn back:** 되돌아가다
no longer: 더 이상 …않다
67 **leave** [liːv] 떠나다, 남기다

59

_____

Many Disciples Desert Jesus

60

_____

61

_____

62

_____

63

_____

64

_____

65

_____

66

_____

67

_____

68 시몬 베드로가 대답하되 주여 영생의 말씀이 주께 있사오니 우리가 누구에게로 가오리이까

69 우리가 주는 하나님의 거룩하신 자이신 줄 믿고 알았사옵나이다

70 예수께서 대답하시되 내가 너희 열둘을 택하지 아니하였느냐 그러나 너희 중의 한 사람은 마귀니라 하시니

71 이 말씀은 가룟 시몬의 아들 유다를 가리키심이라 그는 열둘 중의 하나로 예수를 팔 자러라

형제들까지도 예수를 믿지 아니하다

7 그 후에 예수께서 갈릴리에서 다니시고 유대에서 다니려 아니하심은 유대인들이 죽이려 함이러라

2 유대인의 명절인 초막절이 가까운지라

3 그 형제들이 예수께 이르되 당신이 행하는 일을 제자들도 보게 여기를 떠나 유대로 가소서

4 스스로 나타나기를 구하면서 묻혀서 일하는 사람이 없나니 이 일을 행하려 하거든 자신을 세상에 나타내소서 하니

5 이는 그 형제들까지도 예수를 믿지 아니함이러라

68 Simon Peter answered him, "Lord, to whom shall we go? You have the words of eternal life.

69 We have come to believe and to know that you are the Holy One of God."

70 Then Jesus replied, "Have I not chosen you, the Twelve? Yet one of you is a devil!"

71 (He meant Judas, the son of Simon Iscariot, who, though one of the Twelve, was later to betray him.)

Jesus Goes to the Festival of Tabernacles

7 After this, Jesus went around in Galilee. He did not want to go about in Judea because the Jewish leaders there were looking for a way to kill him.

2 But when the Jewish Festival of Tabernacles was near,

3 Jesus' brothers said to him, "Leave Galilee and go to Judea, so that your disciples there may see the works you do.

4 No one who wants to become a public figure acts in secret. Since you are doing these things, show yourself to the world."

5 For even his own brothers did not believe in him.

---

68 **answer** [ǽnsər] 답하다
eternal life: 영생
69 **Holy one:** 성스러운 분, 그리스도, 신
70 **reply** [riplái] 대답하다
choose [ʧuːz] 선택하다, 고르다
devil [dévl] 악마, 마귀
71 **betray** [bitréi] 배반하다, 배신하다
1 **around** [əráund] 주변

look for: 찾다
2 **Jewish** [dʒúːiʃ] 유대인의
Tabernacle [tǽbəɾnækl] 성막
3 **so that:** …할 수 있도록
4 **become** [bikʌm] …이 되다
public figure: 유명인사, 공인
secret [síːkrit] 비밀, 몰래
show [ʃou] 보여주다, 보이다

68

69

70

71

Jesus Goes to the Festival of Tabernacles

7

2

3

4

5

6 예수께서 이르시되 내 때는 아직 이르지 아니하였거니와 너희 때는 늘 준비되어 있느니라

7 세상이 너희를 미워하지 아니하되 나를 미워하나니 이는 내가 세상의 일들을 악하다고 증언함이라

8 너희는 명절에 올라가라 내 때가 아직 차지 못하였으니 나는 이 명절에 아직 올라가지 아니하노라

9 이 말씀을 하시고 갈릴리에 머물러 계시니라

명절을 지키러 올라가시다

10 그 형제들이 명절에 올라간 후에 자기도 올라가시되 나타내지 않고 은밀히 가시니라

11 명절중에 유대인들이 예수를 찾으면서 그가 어디 있느냐 하고

12 예수에 대하여 무리 중에서 수군거림이 많아 어떤 사람은 좋은 사람이라 하며 어떤 사람은 아니라 무리를 미혹한다 하나

13 그러나 유대인들을 두려워하므로 드러나게 그에 대하여 말하는 자가 없더라

14 이미 명절의 중간이 되어 예수께서 성전에 올라가사 가르치시니

15 유대인들이 놀랍게 여겨 이르되 이 사람은 배우지 아니하였거늘 어떻게 글

6 Therefore Jesus told them, "My time is not yet here; for you any time will do.

7 The world cannot hate you, but it hates me because I testify that its works are evil.

8 You go to the festival. I am not going up to this festival, because my time has not yet fully come."

9 After he had said this, he stayed in Galilee.

10 However, after his brothers had left for the festival, he went also, not publicly, but in secret.

11 Now at the festival the Jewish leaders were watching for Jesus and asking, "Where is he?"

12 Among the crowds there was widespread whispering about him. Some said, "He is a good man."

Others replied, "No, he deceives the people."

13 But no one would say anything publicly about him for fear of the leaders.

Jesus Teaches at the Festival

14 Not until halfway through the festival did Jesus go up to the temple courts and begin to teach.

15 The Jews there were amazed and asked, "How did this man get such learning without having

---

6 therefore [ðéərfɔːr] 그러므로, 그래서
7 hate [heit] 싫어하다
testify [téstəfài] 증언하다, 증명하다
evil [íːvəl] 사악한, 악
9 stay [stei] 머무르다, 지내다
10 however [hauévər] 그러나, 그런데
festival [féstəvəl] 축제, 행사
publicly [pʌblikli] 공개적으로, 공공연하게

11 be watching for: 지켜보고 있다
12 among [əmʌŋ] 사이에
crowd [kraud] 군중
widespread [waiˈdspreˈd] 널리 퍼진
whisper [hwíspər] 속삭이다, 소곤대다
13 fear [fiər] 두려움, 공포
14 halfway [hæˈfweiˈ] 절반, 중간
temple [témpl] (the) 성전

6

7

8

9

10

11

12

13

Jesus Teaches at the Festival

14

15

을 아느냐 하니

16 예수께서 대답하여 이르시되 내 교훈은 내 것이 아니요 나를 보내신 이의 것이니라

17 사람이 하나님의 뜻을 행하려 하면 이 교훈이 하나님께로부터 왔는지 내가 스스로 말함인지 알리라

18 스스로 말하는 자는 자기 영광만 구하되 보내신 이의 영광을 구하는 자는 참되니 그 속에 불의가 없느니라

19 모세가 너희에게 율법을 주지 아니하였느냐 너희 중에 율법을 지키는 자가 없도다 너희가 어찌하여 나를 죽이려 하느냐

20 무리가 대답하되 당신은 귀신이 들렸도다 누가 당신을 죽이려 하나이까

21 예수께서 대답하여 이르시되 내가 한 가지 일을 행하매 너희가 다 이로 말미암아 이상히 여기는도다

22 모세가 너희에게 할례를 행했으니 (그러나 할례는 모세에게서 난 것이 아니요 조상들에게서 난 것이라) 그러므로 너희가 안식일에도 사람에게 할례를 행하느니라

23 모세의 율법을 범하지 아니하려고 사람이 안식일에도 할례를 받는 일이 있거든 내가 안식일에 사람의 전신을 건

been taught?"

16 Jesus answered, "My teaching is not my own. It comes from the one who sent me.

17 Anyone who chooses to do the will of God will find out whether my teaching comes from God or whether I speak on my own.

18 Whoever speaks on their own does so to gain personal glory, but he who seeks the glory of the one who sent him is a man of truth; there is nothing false about him.

19 Has not Moses given you the law? Yet not one of you keeps the law. Why are you trying to kill me?"

20 "You are demon-possessed," the crowd answered. "Who is trying to kill you?"

21 Jesus said to them, "I did one miracle, and you are all amazed.

22 Yet, because Moses gave you circumcision (though actually it did not come from Moses, but from the patriarchs), you circumcise a boy on the Sabbath.

23 Now if a boy can be circumcised on the Sabbath so that the law of Moses may not be broken, why are you angry with me for healing

---

16 **come from:** 나오다, …에서 오다
send [send] 보내다, 파견하다
17 **choose** [tʃuːz] 선택하다, 고르다
whether [hwéðər] …인지 어떤지
18 **whoever** [huːévər] 누구나
gain [gein] 얻다, 획득하다
personal [pə́rsənl] 개인의, 자신의
false [fɔːls] 거짓의, 틀린

20 **possessed** [pəzést] 홀린, (귀신) 들린
21 **miracle** [mírəkl] 기적, 놀라운 일
22 **circumcision** [sːrkəmsíʒən] 할례
actually [ǽktʃuəli] 사실은, 실제로
patriarch [péitriɑːrk] 족장, 조상
23 **circumcised:** 할례받은, 유대인의
Sabbath [sǽbəθ] 안식일
the law of Moses: 모세오경, 모세의 율법

16

17

18

19

20

21

22

23

전하게 한 것으로 너희가 내게 노여
워하느냐

24 외모로 판단하지 말고 공의롭게 판
단하라 하시니라

예수를 잡고자 하나

25 예루살렘 사람 중에서 어떤 사람이
말하되 이는 그들이 죽이고자 하는
그 사람이 아니냐

26 보라 드러나게 말하되 그들이 아무
말도 아니하는도다 당국자들은 이 사
람을 참으로 그리스도인 줄 알았는가

27 그러나 우리는 이 사람이 어디서 왔
는지 아노라 그리스도께서 오실 때
에는 어디서 오시는지 아는 자가 없
으리라 하는지라

28 예수께서 성전에서 가르치시며 외쳐
이르시되 너희가 나를 알고 내가 어
디서 온 것도 알거니와 내가 스스로
온 것이 아니니라 나를 보내신 이는
참되시니 너희는 그를 알지 못하나

29 나는 아노니 이는 내가 그에게서 났
고 그가 나를 보내셨음이라 하시니

30 그들이 예수를 잡고자 하나 손을 대
는 자가 없으니 이는 그의 때가 아직
이르지 아니하였음이러라

31 무리 중의 많은 사람이 예수를 믿고
말하되 그리스도께서 오실지라도 그

a man's whole body on the Sabbath?

24 Stop judging by mere appearances, but instead judge correctly."

Division Over Who Jesus Is

25 At that point some of the people of Jerusalem began to ask, "Isn't this the man they are trying to kill?

26 Here he is, speaking publicly, and they are not saying a word to him. Have the authorities really concluded that he is the Messiah?

27 But we know where this man is from; when the Messiah comes, no one will know where he is from."

28 Then Jesus, still teaching in the temple courts, cried out, "Yes, you know me, and you know where I am from. I am not here on my own authority, but he who sent me is true. You do not know him,

29 but I know him because I am from him and he sent me."

30 At this they tried to seize him, but no one laid a hand on him, because his hour had not yet come.

31 Still, many in the crowd believed in him. They

---

24 **judge** [dʒʌdʒ] 판단하다, 심판하다
mere [miər] 단순한, 단지
appearance [əpíərəns] 겉모습, 외모
instead [instéd] 대신에
correctly [kəréktli] 올바르게, 정확하게
25 **at that point:** 그 시점에서
26 **publicly** [pʌ́blikli] 공개적으로
not saying a word: 아무 말도 않다

authority [əθɔ́ːrəti] 권한
conclud [kənklúːd] 결론짓다
Messiah [misáiə] 구세주, 메시아
28 **temple** [témpl] (the) 성전
court [kɔːrt] 뜰, 안 뜰
30 **seize** [siːz] 잡다
lay a hand on: …을 손보다, 손대다
not yet: 아직 …않다

24

Division Over Who Jesus Is

25

26

27

28

29

30

31

행하실 표적이 이 사람이 행한 것보다 더 많으랴 하니

32 예수에 대하여 무리가 수군거리는 것이 바리새인들에게 들린지라 대제사장들과 바리새인들이 그를 잡으려고 아랫사람들을 보내니

33 예수께서 이르시되 내가 너희와 함께 조금 더 있다가 나를 보내신 이에게로 돌아가겠노라

34 너희가 나를 찾아도 만나지 못할 터이요 나 있는 곳에 오지도 못하리라 하시니

35 이에 유대인들이 서로 묻되 이 사람이 어디로 가기에 우리가 그를 만나지 못하리요 헬라인 중에 흩어져 사는 자들에게로 가서 헬라인을 가르칠 터인가

36 나를 찾아도 만나지 못할 터이요 나 있는 곳에 오지도 못하리라 한 이 말이 무슨 말이냐 하니라

배에서 생수의 강이 흘러나오리라

37 명절 끝날 곧 큰 날에 예수께서 서서 외쳐 이르시되 누구든지 목마르거든 내게로 와서 마시라

38 나를 믿는 자는 성경에 이름과 같이 그 배에서 생수의 강이 흘러나오리라 하시니

39 이는 그를 믿는 자들이 받을 성령을 가리켜 말씀하신 것이라 (예수께서 아

said, "When the Messiah comes, will he perform more signs than this man?"

32 The Pharisees heard the crowd whispering such things about him. Then the chief priests and the Pharisees sent temple guards to arrest him.

33 Jesus said, "I am with you for only a short time, and then I am going to the one who sent me.

34 You will look for me, but you will not find me; and where I am, you cannot come."

35 The Jews said to one another, "Where does this man intend to go that we cannot find him? Will he go where our people live scattered among the Greeks, and teach the Greeks?

36 What did he mean when he said, 'You will look for me, but you will not find me,' and 'Where I am, you cannot come'?"

37 On the last and greatest day of the festival, Jesus stood and said in a loud voice, "Let anyone who is thirsty come to me and drink.

38 Whoever believes in me, as Scripture has said, rivers of living water will flow from within them."

39 By this he meant the Spirit, whom those who

---

perform [pərfɔ́:rm] 수행하다, 실행하다
32 Pharisee [fǽrisìː] 바리새인
   whisper [hwíspər] 속삭이다, 소곤대다
   chief priest: 대제사장
   guard [gɑːrd] 경비원
   arrest [ərést] 체포하다
33 short time: 잠시, 잠깐
35 intend [inténd] 의도하다, 작정하다

scatter [skǽtər] 분산시키다, 흩어지다
among [əmʌ́ŋ] 사이에
Greek [griːk] 그리스의, 그리스인
37 thirsty [θə́ːrsti] 목마른, 갈증난
38 believe in: …(의 존재)를 믿다
   Scripture [skrípʃər] 성경, 성서
   river [rívər] 강, 흐름
   within [wiðín] …안에, 내부에

32

33

34

35

36

37

38

39

직 영광을 받지 않으셨으므로 성령이 아직 그들에게 계시지 아니하시더라)

40 이 말씀을 들은 무리 중에서 어떤 사람은 이 사람이 참으로 그 선지자라 하며

41 어떤 사람은 그리스도라 하며 어떤 이들은 그리스도가 어찌 갈릴리에서 나오겠느냐

42 성경에 이르기를 그리스도는 다윗의 씨로 또 다윗이 살던 마을 베들레헴에서 나오리라 하지 아니하였느냐 하며

43 예수로 말미암아 무리 중에서 쟁론이 되니

44 그 중에는 그를 잡고자 하는 자들도 있으나 손을 대는 자가 없었더라

대제사장들과 바리새인들은 믿지 않다

45 아랫사람들이 대제사장들과 바리새인들에게로 오니 그들이 묻되 어찌하여 잡아오지 아니하였느냐

46 아랫사람들이 대답하되 그 사람이 말하는 것처럼 말한 사람은 이 때까지 없었나이다 하니

47 바리새인들이 대답하되 너희도 미혹되었느냐

48 당국자들이나 바리새인 중에 그를 믿는 자가 있느냐

believed in him were later to receive. Up to that time the Spirit had not been given, since Jesus had not yet been glorified.

40 On hearing his words, some of the people said, "Surely this man is the Prophet."

41 Others said, "He is the Messiah."
Still others asked, "How can the Messiah come from Galilee?

42 Does not Scripture say that the Messiah will come from David's descendants and from Bethlehem, the town where David lived?"

43 Thus the people were divided because of Jesus.

44 Some wanted to seize him, but no one laid a hand on him.

Unbelief of the Jewish Leaders

45 Finally the temple guards went back to the chief priests and the Pharisees, who asked them, "Why didn't you bring him in?"

46 "No one ever spoke the way this man does," the guards replied.

47 "You mean he has deceived you also?" the Pharisees retorted.

48 "Have any of the rulers or of the Pharisees believed in him?

---

39 **receive** [risíːv] 받다, 받아들이다
Spirit [spírit] (the) 성령, 영
glorify [glɔ́ːrəfài] …을 찬미하다, 영광을 더하다
40 **surely** [ʃúərli] 확실히, 틀림없이
Prophet [práfit] (the) 선지자
42 **descendant** [diséndənt] 후손, 후예
43 **thus** [ðʌs] 그러므로, 그래서
divide [diváid] 나누다, 분열시키다

44 **seize** [siːz] 잡다
lay a hand on: …을 손보다, 손대다
45 **finally** [fáinəli] 결국, 마침내
chief priest: 대제사장
bring [briŋ] 가져오다, 데려오다
46 **reply** [riplái] 대답하다
47 **deceive** [disíːv] 현혹시키다, 속이다
retort [ritɔ́ːrt] 되받아치다, 응수하다

40

41

42

43

44

Unbelief of the Jewish Leaders

45

46

47

48

49 율법을 알지 못하는 이 무리는 저주를 받은 자로다

50 그 중의 한 사람 곧 전에 예수께 왔던 니고데모가 그들에게 말하되

51 우리 율법은 사람의 말을 듣고 그 행한 것을 알기 전에 심판하느냐

52 그들이 대답하여 이르되 너도 갈릴리에서 왔느냐 찾아 보라 갈릴리에서는 선지자가 나지 못하느니라 하였더라

음행중에 잡혀온 여자가 용서 받다

53 다 각각 집으로 돌아가고

8 예수는 감람 산으로 가시니라

2 아침에 다시 성전으로 들어오시니 백성이 다 나아오는지라 앉으사 그들을 가르치시더니

3 서기관들과 바리새인들이 음행중에 잡힌 여자를 끌고 와서 가운데 세우고

4 예수께 말하되 선생이여 이 여자가 간음하다가 현장에서 잡혔나이다

5 모세는 율법에 이러한 여자를 돌로 치라 명하였거니와 선생은 어떻게 말하겠나이까

6 그들이 이렇게 말함은 고발할 조건을 얻고자 하여 예수를 시험함이러라 예수께서 몸을 굽히사 손가락으

49 No! But this mob that knows nothing of the law—there is a curse on them."

50 Nicodemus, who had gone to Jesus earlier and who was one of their own number, asked,

51 "Does our law condemn a man without first hearing him to find out what he has been doing?"

52 They replied, "Are you from Galilee, too? Look into it, and you will find that a prophet does not come out of Galilee."

53 [a] Then they all went home,

8 but Jesus went to the Mount of Olives.

2 At dawn he appeared again in the temple courts, where all the people gathered around him, and he sat down to teach them.

3 The teachers of the law and the Pharisees brought in a woman caught in adultery. They made her stand before the group

4 and said to Jesus, "Teacher, this woman was caught in the act of adultery.

5 In the Law Moses commanded us to stone such women. Now what do you say?"

6 They were using this question as a trap, in order to have a basis for accusing him.

But Jesus bent down and started to write on the

---

49 **mob** [mab] 군중, 오합지졸
　curse [kə:rs] 저주
50 **earlier** [ə́:rliər] 이전에, 일찍이
51 **condemn** [kəndém] 유죄 판결을 내리다
　without [wiðáut] …없이, …하지 않고
52 **look into:** 조사하다, 살펴보다
　come out: 나오다
2 **dawn** [dɔːn] 새벽, 동틀 녘

　appear [əpíər] 나타나다, 보이다
　gather [gǽðər] 모으다
3 **Pharisee** [fǽrisiː] 바리새인
　catch [kæʧ] 잡다, 붙들다
　adultery [ədʌ́ltəri] 간음
5 **Law** [lɔː] (the) 율법
　command [kəmǽnd] 명령하다
6 **trap** [træp] 덫, 올가미

---

*7:53~8:11 가장 초기의 손으로 쓰여진 문서들과 많은 다른 고대 증인들은 요한복음 7:53부터 8:11까지를 포함하지 않습니다. 소수의 문서들은 이 절들을 전체적으로든 일부분이든 요한복음 7:36, 요한복음 21:25, 누가복음 21:38 또는 누가복음 24:53 이후에 포함하고 있습니다.

49

50

51

52

53

8

2

3

4

5

6

*a7:53 The earliest manuscripts and many other ancient witnesses do not have John 7:53—8:11. A few manuscripts include these verses, wholly or in part, after John 7:36, John 21:25, Luke 21:38 or Luke 24:53.

로 땅에 쓰시니

7 그들이 묻기를 마지 아니하는지라 이에 일어나 이르시되 너희 중에 죄 없는 자가 먼저 돌로 치라 하시고

8 다시 몸을 굽혀 손가락으로 땅에 쓰시니

9 그들이 이 말씀을 듣고 양심에 가책을 느껴 어른으로 시작하여 젊은이까지 하나씩 하나씩 나가고 오직 예수와 그 가운데 섰는 여자만 남았더라

10 예수께서 일어나사 여자 외에 아무도 없는 것을 보시고 이르시되 여자여 너를 고발하던 그들이 어디 있느냐 너를 정죄한 자가 없느냐

11 대답하되 주여 없나이다 예수께서 이르시되 나도 너를 정죄하지 아니하노니 가서 다시는 죄를 범하지 말라 하시니라

나는 세상의 빛

12 예수께서 또 말씀하여 이르시되 나는 세상의 빛이니 나를 따르는 자는 어둠에 다니지 아니하고 생명의 빛을 얻으리라

13 바리새인들이 이르되 네가 너를 위하여 증언하니 네 증언은 참되지 아니하도다

14 예수께서 대답하여 이르시되 내가 나를 위하여 증언하여도 내 증언이 참되

ground with his finger.

7 When they kept on questioning him, he straightened up and said to them, "Let any one of you who is without sin be the first to throw a stone at her."

8 Again he stooped down and wrote on the ground.

9 At this, those who heard began to go away one at a time, the older ones first, until only Jesus was left, with the woman still standing there.

10 Jesus straightened up and asked her, "Woman, where are they? Has no one condemned you?"

11 "No one, sir," she said.

"Then neither do I condemn you," Jesus declared. "Go now and leave your life of sin."

Dispute Over Jesus' Testimony

12 When Jesus spoke again to the people, he said, "I am the light of the world. Whoever follows me will never walk in darkness, but will have the light of life."

13 The Pharisees challenged him, "Here you are, appearing as your own witness; your testimony is not valid."

14 Jesus answered, "Even if I testify on my own

---

6 **finger** [fíŋgər] 손가락
7 **question** [kwéstʃən] 질문하다, 묻다
straighten [stréitn] 펴다, 곧게 하다
throw [θrou] 던지다
9 **go away:** 가버리다, 떠나다
left [left] 남았다
10 **condemn** [kəndém] 유죄 판결을 내리다
11 **neither** [níːðər] …도 또한 …아니다

declare [diklέər] 선언하다, 단언하다
12 **whoever** [huːévər] 누구나
13 **challenge** [tʃǽlindʒ] 도전하다, 이의를 제기하다
appear [əpíər] 나타나다, 보이다
witness [wítnis] 증인
testimony [téstəmòuni] 증언
valid [vǽlid] 타당한, 설득력 있는
14 **even if:** 할지라도

7

8

9

10

11

Dispute Over Jesus' Testimony

12

13

14

니 나는 내가 어디서 오며 어디로 가
는 것을 알거니와 너희는 내가 어디
서 오며 어디로 가는 것을 알지 못하
느니라

15 너희는 육체를 따라 판단하나 나는
아무도 판단하지 아니하노라

16 만일 내가 판단하여도 내 판단이 참되
니 이는 내가 혼자 있는 것이 아니요
나를 보내신 이가 나와 함께 계심이라

17 너희 율법에도 두 사람의 증언이 참
되다 기록되었으니

18 내가 나를 위하여 증언하는 자가 되
고 나를 보내신 아버지도 나를 위하
여 증언하시느니라

19 이에 그들이 묻되 네 아버지가 어디
있느냐 예수께서 대답하시되 너희는
나를 알지 못하고 내 아버지도 알지
못하는도다 나를 알았더라면 내 아
버지도 알았으리라

20 이 말씀은 성전에서 가르치실 때에
헌금함 앞에서 하셨으나 잡는 사람
이 없으니 이는 그의 때가 아직 이르
지 아니하였음이러라

내가 가는 곳

21 다시 이르시되 내가 가리니 너희가 나
를 찾다가 너희 죄 가운데서 죽겠고 내
가 가는 곳에는 너희가 오지 못하리라

behalf, my testimony is valid, for I know where I came from and where I am going. But you have no idea where I come from or where I am going.

15 You judge by human standards; I pass judgment on no one.

16 But if I do judge, my decisions are true, because I am not alone. I stand with the Father, who sent me.

17 In your own Law it is written that the testimony of two witnesses is true.

18 I am one who testifies for myself; my other witness is the Father, who sent me."

19 Then they asked him, "Where is your father?" "You do not know me or my Father," Jesus replied. "If you knew me, you would know my Father also."

20 He spoke these words while teaching in the temple courts near the place where the offerings were put. Yet no one seized him, because his hour had not yet come.

Dispute Over Who Jesus Is

21 Once more Jesus said to them, "I am going away, and you will look for me, and you will die in your sin. Where I go, you cannot come."

---

14 **behalf** [biháéf] …을 대신해, …을 위해
have no idea: 전혀 모른다
15 **judge** [dʒʌdʒ] 판단하다, 심판하다
human [hjúːmən] 인간, 인류
standard [stǽndərd] 기준, 표준
16 **decision** [disíʒən] 결정, 판단
18 **testify** [téstəfài] 증언하다, 증명하다
19 **reply** [riplái] 대답하다

20 **while** [hwail] …동안에
temple [témpl] (the) 성전
court [kɔːrt] 뜰, 안 뜰
near [niər] 근처, 인접한
offering [ɔ́ːfəriŋ] 헌금, 헌납, 제물
seize [siːz] 잡다
21 **once more**: 한 번 더
look for: 찾다

_____

_____

_____

15 _____

_____

16 _____

_____

_____

17 _____

_____

18 _____

_____

19 _____

_____

_____

20 _____

_____

_____

Dispute Over Who Jesus Is

_____

21 _____

_____

22 유대인들이 이르되 그가 말하기를 내가 가는 곳에는 너희가 오지 못하리라 하니 그가 자결하려는가

23 예수께서 이르시되 너희는 아래에서 났고 나는 위에서 났으며 너희는 이 세상에 속하였고 나는 이 세상에 속하지 아니하였느니라

24 그러므로 내가 너희에게 말하기를 너희가 너희 죄 가운데서 죽으리라 하였노라 너희가 만일 내가 그인 줄 믿지 아니하면 너희 죄 가운데서 죽으리라

25 그들이 말하되 네가 누구냐 예수께서 이르시되 나는 처음부터 너희에게 말하여 온 자니라

26 내가 너희에게 대하여 말하고 판단할 것이 많으나 나를 보내신 이가 참되시매 내가 그에게 들은 그것을 세상에 말하노라 하시되

27 그들은 아버지를 가리켜 말씀하신 줄을 깨닫지 못하더라

28 이에 예수께서 이르시되 너희가 인자를 든 후에 내가 그인 줄을 알고 또 내가 스스로 아무 것도 하지 아니하고 오직 아버지께서 가르치신 대로 이런 것을 말하는 줄도 알리라

29 나를 보내신 이가 나와 함께 하시도다 나는 항상 그가 기뻐하시는 일을 행하므로 나를 혼자 두지 아니하셨느니라

22 This made the Jews ask, "Will he kill himself? Is that why he says, 'Where I go, you cannot come'?"

23 But he continued, "You are from below; I am from above. You are of this world; I am not of this world.

24 I told you that you would die in your sins; if you do not believe that I am he, you will indeed die in your sins."

25 "Who are you?" they asked.

"Just what I have been telling you from the beginning," Jesus replied.

26 "I have much to say in judgment of you. But he who sent me is trustworthy, and what I have heard from him I tell the world."

27 They did not understand that he was telling them about his Father.

28 So Jesus said, "When you have lifted up the Son of Man, then you will know that I am he and that I do nothing on my own but speak just what the Father has taught me.

29 The one who sent me is with me; he has not left me alone, for I always do what pleases him."

22 Jew [dʒuː] 유대인, 이스라엘인
23 continue [kəntínjuː] 계속하다
from [frəm] 에서, …으로부터
below [bilóu] 아래쪽, 낮은 곳에
above [əbʌv] 위에, 하늘에
24 sin [sin] 죄, 죄를 짓다
indeed [indíd] 실로, 참으로
25 beginning [bigínin] 시작, 처음
26 judgment [dʒʌdʒmənt] 심판, 판단
trustworthy [trəˈstwər,ði] 신뢰할 수 있는
27 understand [ʌndərstaénd] 이해하다, 알다
28 lift [lift] 들어 올리다
on one's own: 혼자 힘으로, 스스로
29 leave [liːv] 떠나다, 남기다
alone [əlóun] 혼자, 홀로
please: 마음에 들다, 뜻에 맞다

22

23

24

25

26

27

28

29

30 이 말씀을 하시매 많은 사람이 믿더라

진리가 너희를 자유롭게 하리라

31 그러므로 예수께서 자기를 믿은 유대인들에게 이르시되 너희가 내 말에 거하면 참으로 내 제자가 되고

32 진리를 알지니 진리가 너희를 자유롭게 하리라

33 그들이 대답하되 우리가 아브라함의 자손이라 남의 종이 된 적이 없거늘 어찌하여 우리가 자유롭게 되리라 하느냐

34 예수께서 대답하시되 진실로 진실로 너희에게 이르노니 죄를 범하는 자마다 죄의 종이라

35 종은 영원히 집에 거하지 못하되 아들은 영원히 거하나니

36 그러므로 아들이 너희를 자유롭게 하면 너희가 참으로 자유로우리라

37 나도 너희가 아브라함의 자손인 줄 아노라 그러나 내 말이 너희 안에 있을 곳이 없으므로 나를 죽이려 하는도다

38 나는 내 아버지에게서 본 것을 말하고 너희는 너희 아비에게서 들은 것을 행하느니라

39 대답하여 이르되 우리 아버지는 아브라함이라 하니 예수께서 이르시되 너희가 아브라함의 자손이면 아브라함

30 Even as he spoke, many believed in him.

Dispute Over Whose Children Jesus' Opponents Are

31 To the Jews who had believed him, Jesus said, "If you hold to my teaching, you are really my disciples.

32 Then you will know the truth, and the truth will set you free."

33 They answered him, "We are Abraham's descendants and have never been slaves of anyone. How can you say that we shall be set free?"

34 Jesus replied, "Very truly I tell you, everyone who sins is a slave to sin.

35 Now a slave has no permanent place in the family, but a son belongs to it forever.

36 So if the Son sets you free, you will be free indeed.

37 I know that you are Abraham's descendants. Yet you are looking for a way to kill me, because you have no room for my word.

38 I am telling you what I have seen in the Father's presence, and you are doing what you have heard from your father."

39 "Abraham is our father," they answered.

---

30 **even as:** 바로 (…할 때에)
　believe in: …(의 존재)를 믿다
31 **Jew** [dʒuː] 유대인, 이스라엘인
　hold [hould] 잡고 있다, 붙들다
　disciple [disáipl] 제자
32 **truth** [truːθ] 진리, 진실된 것
　set free: 자유롭게 하다
33 **descendant** [diséndənt] 후손, 후예

　slave [sleiv] 노예
34 **reply** [riplái] 대답하다
35 **permanent** [pə́ːrmənənt] 영구적인, 영원한
　belong to: …에 속하다
　forever [fərevər] 영원히
36 **indeed** [indíd] 실로, 참으로
37 **room for:** 여지, 가능성
38 **the one's presence:** …의 앞, 바로 곁

30

Dispute Over Whose Children Jesus' Opponents Are

31

32

33

34

35

36

37

38

39

이 행한 일들을 할 것이거늘

40 지금 하나님께 들은 진리를 너희에게 말한 사람인 나를 죽이려 하는도다 아브라함은 이렇게 하지 아니하였느니라

41 너희는 너희 아비가 행한 일들을 하는도다 대답하되 우리가 음란한 데서 나지 아니하였고 아버지는 한 분뿐이시니 곧 하나님이시로다

42 예수께서 이르시되 하나님이 너희 아버지였으면 너희가 나를 사랑하였으리니 이는 내가 하나님께로부터 나와서 왔음이라 나는 스스로 온 것이 아니요 아버지께서 나를 보내신 것이니라

43 어찌하여 내 말을 깨닫지 못하느냐 이는 내 말을 들을 줄 알지 못함이로다

44 너희는 너희 아비 마귀에게서 났으니 너희 아비의 욕심대로 너희도 행하고자 하느니라 그는 처음부터 살인한 자요 진리가 그 속에 없으므로 진리에 서지 못하고 거짓을 말할 때마다 제 것으로 말하나니 이는 그가 거짓말쟁이요 거짓의 아비가 되었음이라

45 내가 진리를 말하므로 너희가 나를 믿지 아니하는도다

46 너희 중에 누가 나를 죄로 책잡겠느냐 내가 진리를 말하는데도 어찌하여 나를 믿지 아니하느냐

"If you were Abraham's children," said Jesus, "then you would do what Abraham did.

40 As it is, you are looking for a way to kill me, a man who has told you the truth that I heard from God. Abraham did not do such things.

41 You are doing the works of your own father."

"We are not illegitimate children," they protested. "The only Father we have is God himself."

42 Jesus said to them, "If God were your Father, you would love me, for I have come here from God. I have not come on my own; God sent me.

43 Why is my language not clear to you? Because you are unable to hear what I say.

44 You belong to your father, the devil, and you want to carry out your father's desires. He was a murderer from the beginning, not holding to the truth, for there is no truth in him. When he lies, he speaks his native language, for he is a liar and the father of lies.

45 Yet because I tell the truth, you do not believe me!

46 Can any of you prove me guilty of sin? If I am telling the truth, why don't you believe me?

---

40 **such** [sətʃ] 그런, 이런
41 **illegitimate** [ìlidʒítəmət] 사생아
   protest [próutest] 항의하다
42 **on one's own**: 혼자 힘으로, 스스로
43 **language** [læŋgwidʒ] 말, 언어
   clear [kliər] 완전히 이해되는, 명백한
   unable [ʌnéibl] …할 수 없는
44 **devil** [dévl] 악마, 마귀

carry out: 수행하다, 실행하다
desire [dizáiər] 욕망
murderer [mə́:rdərər] 살인자
from the beginning: 처음부터
lie [lai] 거짓말, 속이다
native language: 모국어, 자국어
46 **prove** [pru:v] 증명하다, 입증하다
guilty [gílti] 유죄

40

41

42

43

44

45

46

47 하나님께 속한 자는 하나님의 말씀을 듣나니 너희가 듣지 아니함은 하나님께 속하지 아니하였음이로다

48 유대인들이 대답하여 이르되 우리가 너를 사마리아 사람이라 또는 귀신이 들렸다 하는 말이 옳지 아니하냐

49 예수께서 대답하시되 나는 귀신 들린 것이 아니라 오직 내 아버지를 공경함이거늘 너희가 나를 무시하는도다

50 나는 내 영광을 구하지 아니하나 구하고 판단하시는 이가 계시니라

51 진실로 진실로 너희에게 이르노니 사람이 내 말을 지키면 영원히 죽음을 보지 아니하리라

52 유대인들이 이르되 지금 네가 귀신 들린 줄을 아노라 아브라함과 선지자들도 죽었거늘 네 말은 사람이 내 말을 지키면 영원히 죽음을 맛보지 아니하리라 하니

53 너는 이미 죽은 우리 조상 아브라함보다 크냐 또 선지자들도 죽었거늘 너는 너를 누구라 하느냐

54 예수께서 대답하시되 내가 내게 영광을 돌리면 내 영광이 아무 것도 아니거니와 내게 영광을 돌리시는 이는 내 아버지시니 곧 너희가 너희 하나님이라 칭하는 그이시라

55 너희는 그를 알지 못하되 나는 아노니

47 Whoever belongs to God hears what God says. The reason you do not hear is that you do not belong to God.”

Jesus' Claims About Himself

48 The Jews answered him, “Aren't we right in saying that you are a Samaritan and demon-possessed?”

49 “I am not possessed by a demon,” said Jesus, “but I honor my Father and you dishonor me.

50 I am not seeking glory for myself; but there is one who seeks it, and he is the judge.

51 Very truly I tell you, whoever obeys my word will never see death.”

52 At this they exclaimed, “Now we know that you are demon-possessed! Abraham died and so did the prophets, yet you say that whoever obeys your word will never taste death.

53 Are you greater than our father Abraham? He died, and so did the prophets. Who do you think you are?”

54 Jesus replied, “If I glorify myself, my glory means nothing. My Father, whom you claim as your God, is the one who glorifies me.

55 Though you do not know him, I know him. If

---

47 **belong to:** ⋯에 속하다
  reason [ríːzn] 이유, 원인
48 **right** [rait] 옳다, 바르다
  Samaritan [səmǽrətn] 사마리아인
  possessed [pəzést] 홀린, (귀신) 들린
49 **demon** [díːmən] 악마, 악령
  honor [ánər] 영광, 경의
  dishonor [disánər] 명예를 빼앗다, 불명예

50 **seek** [siːk] 추구하다, 찾다
51 **obey** [oubéi] 복종하다, 따르다
  death [deθ] 죽음
52 **exclaim** [ikskléim] 외치다, 절규하다
  prophet [práfit] (the) 선지자
54 **glorify** [glɔ́ːrəfài] ⋯을 찬미하다, 영광을 더하다
  claim [kleim] 주장하다
55 **though** [ðou] 그러나, ⋯일지라도

47

Jesus' Claims About Himself

48

49

50

51

52

53

54

55

만일 내가 알지 못한다 하면 나도 너희 같이 거짓말쟁이가 되리라 나는 그를 알고 또 그의 말씀을 지키노라

56 너희 조상 아브라함은 나의 때 볼 것을 즐거워하다가 보고 기뻐하였느니라

57 유대인들이 이르되 네가 아직 오십 세도 못되었는데 아브라함을 보았느냐

58 예수께서 이르시되 진실로 진실로 너희에게 이르노니 아브라함이 나기 전부터 내가 있느니라 하시니

59 그들이 돌을 들어 치려 하거늘 예수께서 숨어 성전에서 나가시니라

날 때부터 맹인 된 사람을 고치시다

9 예수께서 길을 가실 때에 날 때부터 맹인 된 사람을 보신지라

2 제자들이 물어 이르되 랍비여 이 사람이 맹인으로 난 것이 누구의 죄로 인함이니이까 자기니이까 그의 부모니이까

3 예수께서 대답하시되 이 사람이나 그 부모의 죄로 인한 것이 아니라 그에게서 하나님이 하시는 일을 나타내고자 하심이라

4 때가 아직 낮이매 나를 보내신 이의 일을 우리가 하여야 하리라 밤이 오리니 그 때는 아무도 일할 수 없느니라

5 내가 세상에 있는 동안에는 세상의 빛

I said I did not, I would be a liar like you, but I do know him and obey his word.

56 Your father Abraham rejoiced at the thought of seeing my day; he saw it and was glad."

57 "You are not yet fifty years old," they said to him, "and you have seen Abraham!"

58 "Very truly I tell you," Jesus answered, "before Abraham was born, I am!"

59 At this, they picked up stones to stone him, but Jesus hid himself, slipping away from the temple grounds.

Jesus Heals a Man Born Blind

9 As he went along, he saw a man blind from birth.

2 His disciples asked him, "Rabbi, who sinned, this man or his parents, that he was born blind?"

3 "Neither this man nor his parents sinned," said Jesus, "but this happened so that the works of God might be displayed in him.

4 As long as it is day, we must do the works of him who sent me. Night is coming, when no one can work.

5 While I am in the world, I am the light of the world."

---

55 **liar** [láiər] 거짓말쟁이
56 **rejoice** [ridʒóis] 기뻐하다
   glad [glæd] 기쁜
59 **pick up:** 집다, 들다
   hide oneself: 몸을 감추다
   slip [slip] 미끄러지다, 사라지다
1 **go along:** 나아가다
   blind [blaind] 시각장애의, 눈먼

2 **disciple** [disáipl] 제자
   rabbi [rǽbai] 랍비, 유대인 율법학자
   parent [pέərənt] 부모, 양친
3 **neither A nor B:** A도 B도 아니다
   happen [hǽpən] 일어나다, 발생하다
   display [displéi] 보여주다, 눈에 잘 띄게하다
4 **as long as:** 하는 한
   must [məst] 반드시 …하다

56

57

58

59

Jesus Heals a Man Born Blind

9

2

3

4

5

이로라

6 이 말씀을 하시고 땅에 침을 뱉어 진흙을 이겨 그의 눈에 바르시고

7 이르시되 실로암 못에 가서 씻으라 하시니 (실로암은 번역하면 보냄을 받았다는 뜻이라) 이에 가서 씻고 밝은 눈으로 왔더라

8 이웃 사람들과 전에 그가 걸인인 것을 보았던 사람들이 이르되 이는 앉아서 구걸하던 자가 아니냐

9 어떤 사람은 그 사람이라 하며 어떤 사람은 아니라 그와 비슷하다 하거늘 자기 말은 내가 그라 하니

10 그들이 묻되 그러면 네 눈이 어떻게 떠졌느냐

11 대답하되 예수라 하는 그 사람이 진흙을 이겨 내 눈에 바르고 나더러 실로암에 가서 씻으라 하기에 가서 씻었더니 보게 되었노라

12 그들이 이르되 그가 어디 있느냐 이르되 알지 못하노라 하니라

보게 된 맹인과 바리새인들

13 그들이 전에 맹인이었던 사람을 데리고 바리새인들에게 갔더라

14 예수께서 진흙을 이겨 눈을 뜨게 하신 날은 안식일이라

15 그러므로 바리새인들도 그가 어떻

6 After saying this, he spit on the ground, made some mud with the saliva, and put it on the man's eyes.

7 "Go," he told him, "wash in the Pool of Siloam" (this word means "Sent"). So the man went and washed, and came home seeing.

8 His neighbors and those who had formerly seen him begging asked, "Isn't this the same man who used to sit and beg?"

9 Some claimed that he was.
Others said, "No, he only looks like him."
But he himself insisted, "I am the man."

10 "How then were your eyes opened?" they asked.

11 He replied, "The man they call Jesus made some mud and put it on my eyes. He told me to go to Siloam and wash. So I went and washed, and then I could see."

12 "Where is this man?" they asked him.
"I don't know," he said.

The Pharisees Investigate the Healing

13 They brought to the Pharisees the man who had been blind.

14 Now the day on which Jesus had made the mud and opened the man's eyes was a Sabbath.

15 Therefore the Pharisees also asked him how he

6 **spit** [spit] 뱉다, 침을 뱉다
ground [graund] 땅, 지반
mud [mʌd] 진흙
saliva [səláivə] 침
put [put] 놓다, 얹다, 넣다
7 **wash** [waʃ] 씻다, 닦다
8 **formerly** [fɔ́ːrmərli] 이전에는, 원래는
beg [beg] 구걸하다, 부탁하다

used to: …하곤 했다, …였다
9 **look like:** 닮았다, …처럼 보이다
insist [insíst] 강력히 주장하다
11 **reply** [riplái] 대답하다
13 **bring** [briŋ] 데려오다, 가져오다
blind [blaind] 시각장애의, 눈먼
14 **Sabbath** [sǽbəθ] 안식일
15 **therefore** [ðέərfɔːr] 그러므로, 그래서

6

7

8

9

10

11

12

The Pharisees Investigate the Healing

13

14

15

게 보게 되었는지를 물으니 이르되 그 사람이 진흙을 내 눈에 바르매 내가 씻고 보나이다 하니

16 바리새인 중에 어떤 사람은 말하되 이 사람이 안식일을 지키지 아니하니 하나님께로부터 온 자가 아니라 하며 어떤 사람은 말하되 죄인으로서 어떻게 이러한 표적을 행하겠느냐 하여 그들 중에 분쟁이 있었더니

17 이에 맹인되었던 자에게 다시 묻되 그 사람이 네 눈을 뜨게 하였으니 너는 그를 어떠한 사람이라 하느냐 대답하되 선지자니이다 하니

18 유대인들이 그가 맹인으로 있다가 보게 된 것을 믿지 아니하고 그 부모를 불러 묻되

19 이는 너희 말에 맹인으로 났다 하는 너희 아들이냐 그러면 지금은 어떻게 해서 보느냐

20 그 부모가 대답하여 이르되 이 사람이 우리 아들인 것과 맹인으로 난 것을 아나이다

21 그러나 지금 어떻게 해서 보는지 또는 누가 그 눈을 뜨게 하였는지 우리는 알지 못하나이다 그에게 물어 보소서 그가 장성하였으니 자기 일을 말하리이다

22 그 부모가 이렇게 말한 것은 이미 유대

had received his sight. "He put mud on my eyes," the man replied, "and I washed, and now I see."

16 Some of the Pharisees said, "This man is not from God, for he does not keep the Sabbath." But others asked, "How can a sinner perform such signs?" So they were divided.

17 Then they turned again to the blind man, "What have you to say about him? It was your eyes he opened."
The man replied, "He is a prophet."

18 They still did not believe that he had been blind and had received his sight until they sent for the man's parents.

19 "Is this your son?" they asked. "Is this the one you say was born blind? How is it that now he can see?"

20 "We know he is our son," the parents answered, "and we know he was born blind.

21 But how he can see now, or who opened his eyes, we don't know. Ask him. He is of age; he will speak for himself."

22 His parents said this because they were afraid of the Jewish leaders, who already had decided

---

15 **receive** [risíːv] 받다, 얻다
sight [sait] 시력
reply [riplái] 대답하다
16 **keep** [kiːp] 지키다, 유지하다
sinner [sínər] 죄인
perform [pərfɔ́ːrm] 수행하다, 실행하다
divide [diváid] 나누다, 분열시키다
17 **prophet** [práfit] 예언자

18 **until** [əntíl] …할 때까지
parent [péərənt] 부모, 양친
21 **age** [eidʒ] 나이, 연령
speak for oneself: 자신을 변호하다
22 **be afraid of**: …을 두려워하다
Jewish [dʒúːiʃ] 유대인의
already [ɔːlrédi] 이미
decide [disáid] 결정하다, 하기로 하다

16

17

18

19

20

21

22

인들이 누구든지 예수를 그리스도로 시인하는 자는 출교하기로 결의하였으므로 그들을 무서워함이러라

23 이러므로 그 부모가 말하기를 그가 장성하였으니 그에게 물어 보소서 하였더라

24 이에 그들이 맹인이었던 사람을 두 번째 불러 이르되 너는 하나님께 영광을 돌리라 우리는 이 사람이 죄인인 줄 아노라

25 대답하되 그가 죄인인지 내가 알지 못하나 한 가지 아는 것은 내가 맹인으로 있다가 지금 보는 그것이니이다

26 그들이 이르되 그 사람이 네게 무엇을 하였느냐 어떻게 네 눈을 뜨게 하였느냐

27 대답하되 내가 이미 일렀어도 듣지 아니하고 어찌하여 다시 듣고자 하나이까 당신들도 그의 제자가 되려 하나이까

28 그들이 욕하여 이르되 너는 그의 제자이나 우리는 모세의 제자라

29 하나님이 모세에게는 말씀하신 줄을 우리가 알거니와 이 사람은 어디서 왔는지 알지 못하노라

30 그 사람이 대답하여 이르되 이상하다 이 사람이 내 눈을 뜨게 하였으되

that anyone who acknowledged that Jesus was the Messiah would be put out of the synagogue.

23 That was why his parents said, "He is of age; ask him."

24 A second time they summoned the man who had been blind. "Give glory to God by telling the truth," they said. "We know this man is a sinner."

25 He replied, "Whether he is a sinner or not, I don't know. One thing I do know. I was blind but now I see!"

26 Then they asked him, "What did he do to you? How did he open your eyes?"

27 He answered, "I have told you already and you did not listen. Why do you want to hear it again? Do you want to become his disciples too?"

28 Then they hurled insults at him and said, "You are this fellow's disciple! We are disciples of Moses!

29 We know that God spoke to Moses, but as for this fellow, we don't even know where he comes from."

30 The man answered, "Now that is remarkable!

---

22 **acknowledge** [æknάlidʒ] …인정하다, 동의하다
  Messiah [misáiə] 구세주, 메시아
  put out of: 밖으로 내보내다
  synagogue [sínəgɑ̀g] 유대교의 예배당
24 **summon** [sʌ́mən] 소환하다, 불러내다
  glory [glɔ́ːri] 영광
25 **whether** [hwéðər] …인지 어떤지
27 **listen** [lísn] 듣다, 귀기울이다

  become [bikʌ́m] …이 되다
  disciple [disáipl] 제자
28 **hurl** [həːrl] 욕을 퍼붓다, 내던지다
  insult [insʌ́lt] 모욕하다
  fellow [félou] 놈, 녀석, 동료
29 **as for:** …에 관해서는
  even [íːvən] …조차
30 **remarkable** [rimάːrkəbl] 놀라운

23

24

25

26

27

28

29

30

당신들은 그가 어디서 왔는지 알지 못하는도다

31 하나님이 죄인의 말을 듣지 아니하시고 경건하여 그의 뜻대로 행하는 자의 말은 들으시는 줄을 우리가 아나이다

32 창세 이후로 맹인으로 난 자의 눈을 뜨게 하였다 함을 듣지 못하였으니

33 이 사람이 하나님께로부터 오지 아니하였으면 아무 일도 할 수 없으리이다

34 그들이 대답하여 이르되 네가 온전히 죄 가운데서 나서 우리를 가르치느냐 하고 이에 쫓아내어 보내니라

맹인이 되었더라면 죄가 없으려니와

35 예수께서 그들이 그 사람을 쫓아냈다 하는 말을 들으셨더니 그를 만나사 이르시되 네가 인자를 믿느냐

36 대답하여 이르되 주여 그가 누구시오니이까 내가 믿고자 하나이다

37 예수께서 이르시되 네가 그를 보았거니와 지금 너와 말하는 자가 그이니라

38 이르되 주여 내가 믿나이다 하고 절하는지라

39 예수께서 이르시되 내가 심판하러 이 세상에 왔으니 보지 못하는 자들

You don't know where he comes from, yet he opened my eyes.

31 We know that God does not listen to sinners. He listens to the godly person who does his will.

32 Nobody has ever heard of opening the eyes of a man born blind.

33 If this man were not from God, he could do nothing."

34 To this they replied, "You were steeped in sin at birth; how dare you lecture us!" And they threw him out.

Spiritual Blindness

35 Jesus heard that they had thrown him out, and when he found him, he said, "Do you believe in the Son of Man?"

36 "Who is he, sir?" the man asked. "Tell me so that I may believe in him."

37 Jesus said, "You have now seen him; in fact, he is the one speaking with you."

38 Then the man said, "Lord, I believe," and he worshiped him.

39 Jesus said, "For judgment I have come into this world, so that the blind will see and those who see will become blind."

---

30 **come from:** 나오다, …에서 오다
31 **godly** [gádli] 독실한
   will [wəl] 의지, 뜻
32 **nobody** [nóubàdi] 아무도 …않다
34 **reply** [riplái] 대답하다
   steeped [stiːpt] 깊이 스며든, 푹 빠진
   at birth: 태어날 때
   dare [dɛər] 감히 …하다

   lecture [léktʃər] 강의, 훈계
   throw out [θróuàut] 쫓아내다, 버리다
35 **believe in:** …(의 존재)를 믿다
37 **in fact:** 사실, 실제로
38 **Lord** [lɔːrd] 주, 주인, 하나님
   worship [wɔ́ːrʃip] 예배, 경배
39 **judgment** [dʒʌ́dʒmənt] 심판, 판단
   come into: …에 들어오다

31

32

33

34

Spiritual Blindness

35

36

37

38

39

은 보게 하고 보는 자들은 맹인이 되게 하려 함이라 하시니

40 바리새인 중에 예수와 함께 있던 자들이 이 말씀을 듣고 이르되 우리도 맹인인가

41 예수께서 이르시되 너희가 맹인이 되었더라면 죄가 없으려니와 본다고 하니 너희 죄가 그대로 있느니라

양의 우리 비유

10 내가 진실로 진실로 너희에게 이르노니 문을 통하여 양의 우리에 들어가지 아니하고 다른 데로 넘어가는 자는 절도며 강도요

2 문으로 들어가는 이는 양의 목자라

3 문지기는 그를 위하여 문을 열고 양은 그의 음성을 듣나니 그가 자기 양의 이름을 각각 불러 인도하여 내느니라

4 자기 양을 다 내놓은 후에 앞서 가면 양들이 그의 음성을 아는 고로 따라오되

5 타인의 음성은 알지 못하는 고로 타인을 따르지 아니하고 도리어 도망하느니라

6 예수께서 이 비유로 그들에게 말씀하셨으나 그들은 그가 하신 말씀이 무엇인지 알지 못하니라

40 Some Pharisees who were with him heard him say this and asked, "What? Are we blind too?"

41 Jesus said, "If you were blind, you would not be guilty of sin; but now that you claim you can see, your guilt remains.

The Good Shepherd and His Sheep

10 "Very truly I tell you Pharisees, anyone who does not enter the sheep pen by the gate, but climbs in by some other way, is a thief and a robber.

2 The one who enters by the gate is the shepherd of the sheep.

3 The gatekeeper opens the gate for him, and the sheep listen to his voice. He calls his own sheep by name and leads them out.

4 When he has brought out all his own, he goes on ahead of them, and his sheep follow him because they know his voice.

5 But they will never follow a stranger; in fact, they will run away from him because they do not recognize a stranger's voice."

6 Jesus used this figure of speech, but the Pharisees did not understand what he was telling them.

---

41 **guilty** [gílti] 유죄
　　claim [kleim] 주장하다
　　remain [riméin] 머무르다, 남다
1 **sheep pen** [ʃíːppèn] 양 우리
　　gate [geit] 문, 입구
　　climb [klaim] 넘다, 오르다
　　thief [θiːf] 도둑
　　robber [rábər] 강도

2 **shepherd** [ʃépərd] 양치기, 목자
3 **gatekeeper** [géitkìːpər] 문지기
　　lead out: 밖으로 끌어내다
4 **ahead of:** …의 앞에, …에 앞서서
5 **stranger** [stréindʒər] 낯선 사람, 이방인
　　run away: 달아나다, 도망가다
　　recognize [rékəgnàiz] 알다, 인식하다
6 **figure of speech:** 비유적 표현

40

41

The Good Shepherd and His Sheep

10

2

3

4

5

6

선한 목자

7 그러므로 예수께서 다시 이르시되 내가 진실로 진실로 너희에게 말하노니 나는 양의 문이라

8 나보다 먼저 온 자는 다 절도요 강도니 양들이 듣지 아니하였느니라

9 내가 문이니 누구든지 나로 말미암아 들어가면 구원을 받고 또는 들어가며 나오며 꼴을 얻으리라

10 도둑이 오는 것은 도둑질하고 죽이고 멸망시키려는 것뿐이요 내가 온 것은 양으로 생명을 얻게 하고 더 풍성히 얻게 하려는 것이라

11 나는 선한 목자라 선한 목자는 양들을 위하여 목숨을 버리거니와

12 삯꾼은 목자가 아니요 양도 제 양이 아니라 이리가 오는 것을 보면 양을 버리고 달아나나니 이리가 양을 물어 가고 또 헤치느니라

13 달아나는 것은 그가 삯꾼인 까닭에 양을 돌보지 아니함이나

14 나는 선한 목자라 나는 내 양을 알고 양도 나를 아는 것이

15 아버지께서 나를 아시고 내가 아버지를 아는 것 같으니 나는 양을 위하여 목숨을 버리노라

16 또 이 우리에 들지 아니한 다른 양들

7 Therefore Jesus said again, "Very truly I tell you, I am the gate for the sheep.

8 All who have come before me are thieves and robbers, but the sheep have not listened to them.

9 I am the gate; whoever enters through me will be saved. They will come in and go out, and find pasture.

10 The thief comes only to steal and kill and destroy; I have come that they may have life, and have it to the full.

11 "I am the good shepherd. The good shepherd lays down his life for the sheep.

12 The hired hand is not the shepherd and does not own the sheep. So when he sees the wolf coming, he abandons the sheep and runs away. Then the wolf attacks the flock and scatters it.

13 The man runs away because he is a hired hand and cares nothing for the sheep.

14 "I am the good shepherd; I know my sheep and my sheep know me—

15 just as the Father knows me and I know the Father—and I lay down my life for the sheep.

16 I have other sheep that are not of this sheep pen. I must bring them also. They too will listen

7 **therefore** [ðéərfɔːr] 그러므로, 그래서 **truly** [trúːli] 진정, 진실로
9 **enter** [éntər] 들어가다 **pasture** [pǽstʃər] 목초지
10 **steal** [stiːl] 도둑질하다 **destroy** [distrɔ́i] 파괴하다, 무너뜨리다 **to the full**: 충분히, 최대한으로
11 **lay down one's life**: 목숨을 버리다

12 **hired hand**: 고용인, 일꾼 **wolf** [wulf] 늑대 **abandon** [əbǽndən] 버리다 **attack** [ətǽk] 공격하다 **flock** [flɑk] 떼 **scatter** [skǽtər] 분산시키다, 흩어버리다
13 **care** [kɛər] 보살피다, 돌보다
15 **just as**: 처럼, 만큼

7

8

9

10

11

12

13

14

15

16

이 내게 있어 내가 인도하여야 할 터이니 그들도 내 음성을 듣고 한 무리가 되어 한 목자에게 있으리라

17 내가 내 목숨을 버리는 것은 그것을 내가 다시 얻기 위함이니 이로 말미암아 아버지께서 나를 사랑하시느니라

18 이를 내게서 빼앗는 자가 있는 것이 아니라 내가 스스로 버리노라 나는 버릴 권세도 있고 다시 얻을 권세도 있으니 이 계명은 내 아버지에게서 받았노라 하시니라

19 이 말씀으로 말미암아 유대인 중에 다시 분쟁이 일어나니

20 그 중에 많은 사람이 말하되 그가 귀신 들려 미쳤거늘 어찌하여 그 말을 듣느냐 하며

21 어떤 사람은 말하되 이 말은 귀신 들린 자의 말이 아니라 귀신이 맹인의 눈을 뜨게 할 수 있느냐 하더라

유대인들이 예수를 돌로 치려 하다

22 예루살렘에 수전절이 이르니 때는 겨울이라

23 예수께서 성전 안 솔로몬 행각에서 거니시니

24 유대인들이 에워싸고 이르되 당신이 언제까지나 우리 마음을 의혹하게 하려 하나이까 그리스도이면 밝히 말씀하소서 하니

25 예수께서 대답하시되 내가 너희에게 말

to my voice, and there shall be one flock and one shepherd.

17 The reason my Father loves me is that I lay down my life—only to take it up again.

18 No one takes it from me, but I lay it down of my own accord. I have authority to lay it down and authority to take it up again. This command I received from my Father."

19 The Jews who heard these words were again divided.

20 Many of them said, "He is demon-possessed and raving mad. Why listen to him?"

21 But others said, "These are not the sayings of a man possessed by a demon. Can a demon open the eyes of the blind?"

Further Conflict Over Jesus' Claims

22 Then came the Festival of Dedication at Jerusalem. It was winter,

23 and Jesus was in the temple courts walking in Solomon's Colonnade.

24 The Jews who were there gathered around him, saying, "How long will you keep us in suspense? If you are the Messiah, tell us plainly."

25 Jesus answered, "I did tell you, but you do not

18 **of one's own accord:** 자발적으로
authority [əθɔ́:rəti] 권한
command [kəmǽnd] 명령하다
19 **divide** [diváid] 나누다, 분열시키다
20 **demon** [dí:mən] 악마, 악령
possessed [pəzést] 홀린, (귀신) 들린
rave [reiv] 헛소리하다
mad [mæd] 미친

22 **dedication** [dèdikéiʃən] 헌납, 봉납
23 **temple** [témpl] (the) 성전
court [kɔ:rt] 뜰, 안 뜰
colonnade [kɑ̀lənéid] 주랑, 줄기둥이 있는 복도
24 **gather** [gǽðər] 모이다, 모여들다
in suspense: 궁금해하는
Messiah [misáiə] 구세주, 메시아
plainly [pléinli] 분명히, 명백히

17

18

19

20

21

Further Conflict Over Jesus' Claims

22

23

24

25

하였으되 믿지 아니하는도다 내가 내 아버지의 이름으로 행하는 일들이 나를 증거하는 것이거늘

26 너희가 내 양이 아니므로 믿지 아니하는도다

27 내 양은 내 음성을 들으며 나는 그들을 알며 그들은 나를 따르느니라

28 내가 그들에게 영생을 주노니 영원히 멸망하지 아니할 것이요 또 그들을 내 손에서 빼앗을 자가 없느니라

29 그들을 주신 내 아버지는 만물보다 크시매 아무도 아버지 손에서 빼앗을 수 없느니라

30 나와 아버지는 하나이니라 하신대

31 유대인들이 다시 돌을 들어 치려 하거늘

32 예수께서 대답하시되 내가 아버지로 말미암아 여러 가지 선한 일로 너희에게 보였거늘 그 중에 어떤 일로 나를 돌로 치려 하느냐

33 유대인들이 대답하되 선한 일로 말미암아 우리가 너를 돌로 치려는 것이 아니라 신성모독으로 인함이니 네가 사람이 되어 자칭 하나님이라 함이로라

34 예수께서 이르시되 너희 율법에 기록된 바 내가 너희를 신이라 하였노라 하지 아니하였느냐

35 성경은 폐하지 못하나니 하나님의 말

believe. The works I do in my Father's name testify about me,

26 but you do not believe because you are not my sheep.

27 My sheep listen to my voice; I know them, and they follow me.

28 I give them eternal life, and they shall never perish; no one will snatch them out of my hand.

29 My Father, who has given them to me, is greater than all; no one can snatch them out of my Father's hand.

30 I and the Father are one."

31 Again his Jewish opponents picked up stones to stone him,

32 but Jesus said to them, "I have shown you many good works from the Father. For which of these do you stone me?"

33 "We are not stoning you for any good work," they replied, "but for blasphemy, because you, a mere man, claim to be God."

34 Jesus answered them, "Is it not written in your Law, 'I have said you are "gods"'?

35 If he called them 'gods,' to whom the word

25 **testify** [téstəfài] 증언하다, 증명하다
27 **follow** [fálou] 따르다, 좇다
28 **eternal life:** 영생
   shall: …일 것이다
   perish [périʃ] 사라지다, 죽다
   snatch [snætʃ] 빼앗다, 가로채다
29 **greater (than)** …보다 큰
31 **Jewish** [dʒúːiʃ] 유대인의

opponent [əpóunənt] 반대자, 대항 세력
pick up: 집다, 들다
stone [stoun] 돌을 던지다
33 **reply** [riplái] 대답하다
blasphemy [blaésfəmi] 모독
mere [miər] 단순한, 단지
claim [kleim] 주장하다
34 **Law** [lɔː] 율법

26

27

28

29

30
31

32

33

34

35

씀을 받은 사람들을 신이라 하셨거든

36 하물며 아버지께서 거룩하게 하사 세상에 보내신 자가 나는 하나님의 아들이라 하는 것으로 너희가 어찌 신성모독이라 하느냐

37 만일 내가 내 아버지의 일을 행하지 아니하거든 나를 믿지 말려니와

38 내가 행하거든 나를 믿지 아니할지라도 그 일은 믿으라 그러면 너희가 아버지께서 내 안에 계시고 내가 아버지 안에 있음을 깨달아 알리라 하시니

39 그들이 다시 예수를 잡고자 하였으나 그 손에서 벗어나 나가시니라

40 다시 요단 강 저편 요한이 처음으로 세례 베풀던 곳에 가사 거기 거하시니

41 많은 사람이 왔다가 말하되 요한은 아무 표적도 행하지 아니하였으나 요한이 이 사람을 가리켜 말한 것은 다 참이라 하더라

42 그리하여 거기서 많은 사람이 예수를 믿으니라

죽은 나사로를 살리시다

11 어떤 병자가 있으니 이는 마리아와 그 자매 마르다의 마을 베다니에 사

of God came—and Scripture cannot be set aside—

36 what about the one whom the Father set apart as his very own and sent into the world? Why then do you accuse me of blasphemy because I said, 'I am God's Son'?

37 Do not believe me unless I do the works of my Father.

38 But if I do them, even though you do not believe me, believe the works, that you may know and understand that the Father is in me, and I in the Father."

39 Again they tried to seize him, but he escaped their grasp.

40 Then Jesus went back across the Jordan to the place where John had been baptizing in the early days. There he stayed,

41 and many people came to him. They said, "Though John never performed a sign, all that John said about this man was true."

42 And in that place many believed in Jesus.

The Death of Lazarus

11 Now a man named Lazarus was sick. He was from Bethany, the village of Mary and her sister

35 **Scripture** [skrípʧər] 성경, 성서
aside [əsáid] 제쳐두고, 제외하고
36 **set apart:** 구별하다
send [send] 보내다, 파견하다
accuse [əkjúːz] 비난하다, 고소하다
37 **unless** [ənlés] …하지 않으면
38 **even though:** 비록 …이지만
39 **seize** [siːz] 잡다

escape [iskéip] 탈출하다, 벗어나다
grasp [græsp] 손아귀
40 **across** [əkrɔ́ːs] 건너서, 가로 질러서
baptize [bæptáiz] 세례를 베풀다
early [ə́ːrli] 일찍이, 전에
stay [stei] 머무르다, 지내다
41 **though** [ðou] 그러나, …일지라도
perform [pərfɔ́ːrm] 수행하다, 실행하다

36

37

38

39

40

41

42

The Death of Lazarus

11

는 나사로라

2 이 마리아는 향유를 주께 붓고 머리털로 주의 발을 닦던 자요 병든 나사로는 그의 오라버니더라

3 이에 그 누이들이 예수께 사람을 보내어 이르되 주여 보시옵소서 사랑하시는 자가 병들었나이다 하니

4 예수께서 들으시고 이르시되 이 병은 죽을 병이 아니라 하나님의 영광을 위함이요 하나님의 아들이 이로 말미암아 영광을 받게 하려 함이라 하시더라

5 예수께서 본래 마르다와 그 동생과 나사로를 사랑하시더니

6 나사로가 병들었다 함을 들으시고 그 계시던 곳에 이틀을 더 유하시고

7 그 후에 제자들에게 이르시되 유대로 다시 가자 하시니

8 제자들이 말하되 랍비여 방금도 유대인들이 돌로 치려 하였는데 또 그리로 가시려 하나이까

9 예수께서 대답하시되 낮이 열두 시간이 아니냐 사람이 낮에 다니면 이 세상의 빛을 보므로 실족하지 아니하고

10 밤에 다니면 빛이 그 사람 안에 없는 고로 실족하느니라

11 이 말씀을 하신 후에 또 이르시되 우리 친구 나사로가 잠들었도다 그러

Martha.

2 (This Mary, whose brother Lazarus now lay sick, was the same one who poured perfume on the Lord and wiped his feet with her hair.)

3 So the sisters sent word to Jesus, "Lord, the one you love is sick."

4 When he heard this, Jesus said, "This sickness will not end in death. No, it is for God's glory so that God's Son may be glorified through it."

5 Now Jesus loved Martha and her sister and Lazarus.

6 So when he heard that Lazarus was sick, he stayed where he was two more days,

7 and then he said to his disciples, "Let us go back to Judea."

8 "But Rabbi," they said, "a short while ago the Jews there tried to stone you, and yet you are going back?"

9 Jesus answered, "Are there not twelve hours of daylight? Anyone who walks in the daytime will not stumble, for they see by this world's light.

10 It is when a person walks at night that they stumble, for they have no light."

11 After he had said this, he went on to tell them,

---

2 **lay** [lei] 눕다, 놓다
　pour [pɔːr] 붓다, 따르다
　perfume [pɔ́ːrfjuːm] 향기, 향수
　wipe [waip] 닦다
3 **send word:** 말을 전하다
4 **sickness** [síknis] 질병
　glorify [ɡlɔ́ːrəfài] …을 찬미하다, 영광을 더하다
7 **disciple** [disáipl] 제자

8 **rabbi** [raébai] 랍비, 유대인 율법학자
　while ago: 조금 전에
　Jew [dʒuː] 유대인, 이스라엘인
　try to: 시도하다
9 **daylight** [dei'lai,t] 낮, 일광
　daytime [dei'tai,m] 낮, 해가 떠서 질 때까지
　stumble [stʌmbl] 비틀거리다, 발이 걸리다
10 **person** [pɔ́ːrsn] 사람, 개인

2

3

4

5

6

7

8

9

10

11

나 내가 깨우러 가노라

12 제자들이 이르되 주여 잠들었으면 낫겠나이다 하더라

13 예수는 그의 죽음을 가리켜 말씀하신 것이나 그들은 잠들어 쉬는 것을 가리켜 말씀하심인 줄 생각하는지라

14 이에 예수께서 밝히 이르시되 나사로가 죽었느니라

15 내가 거기 있지 아니한 것을 너희를 위하여 기뻐하노니 이는 너희로 믿게 하려 함이라 그러나 그에게로 가자 하시니

16 디두모라고도 하는 도마가 다른 제자들에게 말하되 우리도 주와 함께 죽으러 가자 하니라

나는 부활이요 생명이니

17 예수께서 와서 보시니 나사로가 무덤에 있은 지 이미 나흘이라

18 베다니는 예루살렘에서 가깝기가 한 오 리쯤 되매

19 많은 유대인이 마르다와 마리아에게 그 오라비의 일로 위문하러 왔더니

20 마르다는 예수께서 오신다는 말을 듣고 곧 나가 맞이하되 마리아는 집에 앉았더라

21 마르다가 예수께 여짜오되 주께서 여기 계셨더라면 내 오라버니가 죽지 아니하였겠나이다

"Our friend Lazarus has fallen asleep; but I am going there to wake him up."

12 His disciples replied, "Lord, if he sleeps, he will get better."

13 Jesus had been speaking of his death, but his disciples thought he meant natural sleep.

14 So then he told them plainly, "Lazarus is dead,

15 and for your sake I am glad I was not there, so that you may believe. But let us go to him."

16 Then Thomas (also known as Didymus) said to the rest of the disciples, "Let us also go, that we may die with him."

Jesus Comforts the Sisters of Lazarus

17 On his arrival, Jesus found that Lazarus had already been in the tomb for four days.

18 Now Bethany was less than two miles from Jerusalem,

19 and many Jews had come to Martha and Mary to comfort them in the loss of their brother.

20 When Martha heard that Jesus was coming, she went out to meet him, but Mary stayed at home.

21 "Lord," Martha said to Jesus, "if you had been here, my brother would not have died.

---

11 **fall asleep:** 잠이 들다
   wake up: 깨다, 일어나다
12 **Lord** [lɔːrd] 주, 주인, 하나님
   get better: 나아지다
14 **plainly** [pléinli] 분명히, 명백히
15 **sake** [seik] 이익, 위함
   so that: …할 수 있도록
16 **known as:** …로 알려진

   rest [rest] 나머지
17 **arrival** [əráivəl] 도착, 도달
   already [ɔːlrédi] 이미
   tomb [tuːm] 무덤
18 **less than:** 미만, 이하의
19 **comfort** [kʌmfərt] 위로하다, 달래다
   loss [lɔːs] 잃음, 상실, 손실
20 **stay** [stei] 머무르다, 지내다

12

13

14

15

16

Jesus Comforts the Sisters of Lazarus

17

18

19

20

21

22 그러나 나는 이제라도 주께서 무엇이든지 하나님께 구하시는 것을 하나님이 주실 줄을 아나이다

23 예수께서 이르시되 네 오라비가 다시 살아나리라

24 마르다가 이르되 마지막 날 부활 때에는 다시 살아날 줄을 내가 아나이다

25 예수께서 이르시되 나는 부활이요 생명이니 나를 믿는 자는 죽어도 살겠고

26 무릇 살아서 나를 믿는 자는 영원히 죽지 아니하리니 이것을 네가 믿느냐

27 이르되 주여 그러하외다 주는 그리스도시요 세상에 오시는 하나님의 아들이신 줄 내가 믿나이다

28 이 말을 하고 돌아가서 가만히 그 자매 마리아를 불러 말하되 선생님이 오셔서 너를 부르신다 하니

29 마리아가 이 말을 듣고 급히 일어나 예수께 나아가매

30 예수는 아직 마을로 들어오지 아니하시고 마르다가 맞이했던 곳에 그대로 계시더라

31 마리아와 함께 집에 있어 위로하던 유대인들은 그가 급히 일어나 나가는 것을 보고 곡하러 무덤에 가는 줄로 생각하고 따라가더니

22 But I know that even now God will give you whatever you ask."

23 Jesus said to her, "Your brother will rise again."

24 Martha answered, "I know he will rise again in the resurrection at the last day."

25 Jesus said to her, "I am the resurrection and the life. The one who believes in me will live, even though they die;

26 and whoever lives by believing in me will never die. Do you believe this?"

27 "Yes, Lord," she replied, "I believe that you are the Messiah, the Son of God, who is to come into the world."

28 After she had said this, she went back and called her sister Mary aside. "The Teacher is here," she said, "and is asking for you."

29 When Mary heard this, she got up quickly and went to him.

30 Now Jesus had not yet entered the village, but was still at the place where Martha had met him.

31 When the Jews who had been with Mary in the house, comforting her, noticed how quickly she got up and went out, they followed her, supposing she was going to the tomb to mourn there.

---

22 **whatever** [hwʌtévər] 무엇이든
23 **rise** [raiz] 다시 살아나다, 오르다
24 **resurrection** [rèzərékʃən] 부활
　　the last: 최후의, 마지막의
25 **believe in**: …(의 존재)를 믿다
　　even though: 비록 …이지만
26 **live by**: …으로 살다
27 **reply** [riplái] 대답하다

28 **aside** [əsáid] 조금 떨어진 곳에, 따로
　　ask for: …을 찾아오다
29 **quickly** [kwíkli] 빨리, 신속히
30 **enter** [éntər] 들어가다
　　village [vílidʒ] 마을
31 **notice** [nóutis] 알아차리다, 주목하다
　　suppose [səpóuz] 생각하다, 가정하다
　　mourn [mɔːrn] 애도하다, 추모하다

22

23

24

25

26

27

28

29

30

31

32 마리아가 예수 계신 곳에 가서 뵈옵고 그 발 앞에 엎드리어 이르되 주께서 여기 계셨더라면 내 오라버니가 죽지 아니하였겠나이다 하더라

33 예수께서 그가 우는 것과 또 함께 온 유대인들이 우는 것을 보시고 심령에 비통히 여기시고 불쌍히 여기사

34 이르시되 그를 어디 두었느냐 이르되 주여 와서 보옵소서 하니

35 예수께서 눈물을 흘리시더라

36 이에 유대인들이 말하되 보라 그를 얼마나 사랑하셨는가 하며

37 그 중 어떤 이는 말하되 맹인의 눈을 뜨게 한 이 사람이 그 사람은 죽지 않게 할 수 없었더냐 하더라

38 이에 예수께서 다시 속으로 비통히 여기시며 무덤에 가시니 무덤이 굴이라 돌로 막았거늘

39 예수께서 이르시되 돌을 옮겨 놓으라 하시니 그 죽은 자의 누이 마르다가 이르되 주여 죽은 지가 나흘이 되었으매 벌써 냄새가 나나이다

40 예수께서 이르시되 내 말이 네가 믿으면 하나님의 영광을 보리라 하지 아니하였느냐 하시니

41 돌을 옮겨 놓으니 예수께서 눈을

32 When Mary reached the place where Jesus was and saw him, she fell at his feet and said, "Lord, if you had been here, my brother would not have died."

33 When Jesus saw her weeping, and the Jews who had come along with her also weeping, he was deeply moved in spirit and troubled.

34 "Where have you laid him?" he asked.
"Come and see, Lord," they replied.

35 Jesus wept.

36 Then the Jews said, "See how he loved him!"

37 But some of them said, "Could not he who opened the eyes of the blind man have kept this man from dying?"

Jesus Raises Lazarus From the Dead

38 Jesus, once more deeply moved, came to the tomb. It was a cave with a stone laid across the entrance.

39 "Take away the stone," he said.
"But, Lord," said Martha, the sister of the dead man, "by this time there is a bad odor, for he has been there four days."

40 Then Jesus said, "Did I not tell you that if you believe, you will see the glory of God?"

41 So they took away the stone. Then Jesus looked

32 reach [ri:ʧ] 도착하다, 닿다
33 weep [wi:p] 울다, 눈물을 흘리다
Jew [dʒuː] 유대인, 이스라엘인
come along with: 동행하다, 함께 오다
deeply [díːpli] 깊이, 몹시
move [muːv] 감동시키다, (어떤 감정을) 품다
troubled [trʌbld] 괴로운, 곤란한
34 lay [lei] 눕다, 놓다
37 blind [blaind] 시각장애의, 눈먼
38 once more: 한 번 더
tomb [tuːm] 무덤
cave [keiv] 동굴
across [əkrɔ́ːs] 가로질러서
entrance [éntrəns] 입구
39 take away: 치우다, 제거하다
odor [óudər] 악취, 냄새

32

33

34

35

36

37

Jesus Raises Lazarus From the Dead

38

39

40

41

들어 우러러 보시고 이르시되 아버
지여 내 말을 들으신 것을 감사하
나이다

42 항상 내 말을 들으시는 줄을 내가
알았나이다 그러나 이 말씀 하옵
는 것은 둘러선 무리를 위함이니
곧 아버지께서 나를 보내신 것을
그들로 믿게 하려 함이니이다

43 이 말씀을 하시고 큰 소리로 나사
로야 나오라 부르시니

44 죽은 자가 수족을 베로 동인 채로
나오는데 그 얼굴은 수건에 싸였더
라 예수께서 이르시되 풀어 놓아
다니게 하라 하시니라

예수를 죽이려고 모의하다

45 마리아에게 와서 예수께서 하신 일
을 본 많은 유대인이 그를 믿었으나

46 그 중에 어떤 자는 바리새인들에게
가서 예수께서 하신 일을 알리니라

47 이에 대제사장들과 바리새인들이
공회를 모으고 이르되 이 사람이
많은 표적을 행하니 우리가 어떻게
하겠느냐

48 만일 그를 이대로 두면 모든 사람
이 그를 믿을 것이요 그리고 로마인
들이 와서 우리 땅과 민족을 빼앗
아 가리라 하니

up and said, "Father, I thank you that you have heard me.

42 I knew that you always hear me, but I said this for the benefit of the people standing here, that they may believe that you sent me."

43 When he had said this, Jesus called in a loud voice, "Lazarus, come out!"

44 The dead man came out, his hands and feet wrapped with strips of linen, and a cloth around his face.

Jesus said to them, "Take off the grave clothes and let him go."

The Plot to Kill Jesus

45 Therefore many of the Jews who had come to visit Mary, and had seen what Jesus did, believed in him.

46 But some of them went to the Pharisees and told them what Jesus had done.

47 Then the chief priests and the Pharisees called a meeting of the Sanhedrin.

"What are we accomplishing?" they asked. "Here is this man performing many signs.

48 If we let him go on like this, everyone will believe in him, and then the Romans will come and take

---

42 **always** [ɔ́ːlweiz] 항상, 언제나
   benefit [bénəfit] 이익, 이득
43 **loud** [laud] 큰, 시끄러운
44 **wrap** [ræp] 감싸다, 두르다
   strip [strip] 띠, 길쭉한 조각
   linen [línən] 리넨, 아마포
   cloth [klɔːθ] 천
   take off: 벗기다

   grave [greiv] 무덤
45 **therefore** [ðéərfɔːr] 그러므로, 그래서
   visit [vízit] 방문하다
46 **Pharisee** [faérisiː] 바리새인
47 **chief priest:** 대제사장
   Sanhedrin [sænhédrin] 유대의 최고 의회인 산헤드린 공회
   accomplish [əkámpliʃ] 이루어내다, 성취하다
   perform [pərfɔ́ːrm] 수행하다, 실행하다

42

43

44

The Plot to Kill Jesus

45

46

47

48

49 그 중의 한 사람 그 해의 대제사장인 가야바가 그들에게 말하되 너희가 아무 것도 알지 못하는도다

50 한 사람이 백성을 위하여 죽어서 온 민족이 망하지 않게 되는 것이 너희에게 유익한 줄을 생각하지 아니하는도다 하였으니

51 이 말은 스스로 함이 아니요 그 해의 대제사장이므로 예수께서 그 민족을 위하시고

52 또 그 민족만 위할 뿐 아니라 흩어진 하나님의 자녀를 모아 하나가 되게 하기 위하여 죽으실 것을 미리 말함이러라

53 이 날부터는 그들이 예수를 죽이려고 모의하니라

54 그러므로 예수께서 다시 유대인 가운데 드러나게 다니지 아니하시고 거기를 떠나 빈 들 가까운 곳인 에브라임이라는 동네에 가서 제자들과 함께 거기 머무르시니라

55 유대인의 유월절이 가까우매 많은 사람이 자기를 성결하게 하기 위하여 유월절 전에 시골에서 예루살렘으로 올라갔더니

56 그들이 예수를 찾으며 성전에 서서 서로 말하되 너희 생각에는 어떠하

away both our temple and our nation."

49 Then one of them, named Caiaphas, who was high priest that year, spoke up, "You know nothing at all!

50 You do not realize that it is better for you that one man die for the people than that the whole nation perish."

51 He did not say this on his own, but as high priest that year he prophesied that Jesus would die for the Jewish nation,

52 and not only for that nation but also for the scattered children of God, to bring them together and make them one.

53 So from that day on they plotted to take his life.

54 Therefore Jesus no longer moved about publicly among the people of Judea. Instead he withdrew to a region near the wilderness, to a village called Ephraim, where he stayed with his disciples.

55 When it was almost time for the Jewish Passover, many went up from the country to Jerusalem for their ceremonial cleansing before the Passover.

56 They kept looking for Jesus, and as they stood in the temple courts they asked one another, "What do you think? Isn't he coming to the festival at

---

48 **take away:** 빼앗다
both A and B: A와 B 둘 다
temple [témpl] 성전, 사원
nation [néiʃən] 국가, 나라
49 **at all:** 전혀, 조금도
50 **realize** [ríːəlàiz] 깨닫다, 알다
perish [périʃ] 사라지다, 죽다
51 **prophesy** [práfəsài] 예언하다

52 **scatter** [skǽtər] 분산시키다, 흩어버리다
53 **plot** [plat] 음모를 꾸미다
54 **no longer:** 더 이상 …않다
publicly [pʌ́blikli] 공개적으로, 공공연하게
instead [instéd] 대신에
withdraw [wiðdrɔ́ː] 철수하다, 물러나다
region [ríːdʒən] 지역, 지방
55 **ceremonial** [sèrəmóuniəl] 의식, 예식

49

50

51

52

53

54

55

56

나 그가 명절에 오지 아니하겠느냐 하니

57 이는 대제사장들과 바리새인들이 누구든지 예수 있는 곳을 알거든 신고하여 잡게 하라 명령하였음이러라

예수의 발에 향유를 붓다

12 유월절 엿새 전에 예수께서 베다니에 이르시니 이 곳은 예수께서 죽은 자 가운데서 살리신 나사로가 있는 곳이라

2 거기서 예수를 위하여 잔치할새 마르다는 일을 하고 나사로는 예수와 함께 앉은 자 중에 있더라

3 마리아는 지극히 비싼 향유 곧 순전한 나드 한 근을 가져다가 예수의 발에 붓고 자기 머리털로 그의 발을 닦으니 향유 냄새가 집에 가득하더라

4 제자 중 하나로서 예수를 잡아 줄 가룟 유다가 말하되

5 이 향유를 어찌하여 삼백 데나리온에 팔아 가난한 자들에게 주지 아니하였느냐 하니

6 이렇게 말함은 가난한 자들을 생각함이 아니요 그는 도둑이라 돈궤를 맡고 거기 넣는 것을 훔쳐 감이러라

all?"

57 But the chief priests and the Pharisees had given orders that anyone who found out where Jesus was should report it so that they might arrest him.

Jesus Anointed at Bethany

12 Six days before the Passover, Jesus came to Bethany, where Lazarus lived, whom Jesus had raised from the dead.

2 Here a dinner was given in Jesus' honor. Martha served, while Lazarus was among those reclining at the table with him.

3 Then Mary took about a pint of pure nard, an expensive perfume; she poured it on Jesus' feet and wiped his feet with her hair. And the house was filled with the fragrance of the perfume.

4 But one of his disciples, Judas Iscariot, who was later to betray him, objected,

5 "Why wasn't this perfume sold and the money given to the poor? It was worth a year's wages."

6 He did not say this because he cared about the poor but because he was a thief; as keeper of the money bag, he used to help himself to what was put into it.

---

57 **arrest** [ərést] 체포하다
1 **raise** [reiz] 되살리다
2 **serve** [səːrv] 제공하다, 대접하다
　recline [rikláin] 기대다, 뒤로 젖히다
3 **pint** [paint] 파인트(액량의 단위)
　pure [pjuər] 순전한, 불순물이 없는
　nard [naːrd] 나드, 고대의 연고 원료
　expensive [ikspénsiv] 비싼, 고가의

perfume [pɔ́ːrfjuːm] 향기, 향수
wipe [waip] 닦다, 훔치다
fragrance [fréigrəns] 향기, 향수
4 **betray** [bitréi] 배반하다, 배신하다
　object [əbdʒékt] 반대하다, 싫어하다
5 **worth** [wəːrθ] 가치있는, …어치
　wage [weidʒ] 급여, 삯
6 **used to:** …하곤 했다, …였다

57

Jesus Anointed at Bethany

12

2

3

4

5

6

7 예수께서 이르시되 그를 가만 두어 나의 장례할 날을 위하여 그것을 간직하게 하라

8 가난한 자들은 항상 너희와 함께 있거니와 나는 항상 있지 아니하리라 하시니라

나사로까지 죽이려고 모의하다

9 유대인의 큰 무리가 예수께서 여기 계신 줄을 알고 오니 이는 예수만 보기 위함이 아니요 죽은 자 가운데서 살리신 나사로도 보려 함이러라

10 대제사장들이 나사로까지 죽이려고 모의하니

11 나사로 때문에 많은 유대인이 가서 예수를 믿음이러라

예루살렘으로 가시다

12 그 이튿날에는 명절에 온 큰 무리가 예수께서 예루살렘으로 오신다는 것을 듣고

13 종려나무 가지를 가지고 맞으러 나가 외치되 호산나 찬송하리로다 주의 이름으로 오시는 이 곧 이스라엘의 왕이시여 하더라

14 예수는 한 어린 나귀를 보고 타시니

7 "Leave her alone," Jesus replied. "It was intended that she should save this perfume for the day of my burial.

8 You will always have the poor among you, but you will not always have me."

9 Meanwhile a large crowd of Jews found out that Jesus was there and came, not only because of him but also to see Lazarus, whom he had raised from the dead.

10 So the chief priests made plans to kill Lazarus as well,

11 for on account of him many of the Jews were going over to Jesus and believing in him.

Jesus Comes to Jerusalem as King

12 The next day the great crowd that had come for the festival heard that Jesus was on his way to Jerusalem.

13 They took palm branches and went out to meet him, shouting,

"Hosanna!"

"Blessed is he who comes in the name of the Lord!"

"Blessed is the king of Israel!"

14 Jesus found a young donkey and sat on it, as it is written:

---

7 **leave … alone**: 내버려두다, 하게 두다
　reply [riplái] 대답하다
　intend [inténd] 의도하다, 작정하다
　burial [bériəl] 장례
8 **among** [əmʌ́ŋ] 사이에, 가운데
9 **meanwhile** [míːnwàil] …동안
　crowd [kraud] 군중
　Jew [dʒuː] 유대인, 이스라엘인

10 **chief priest**: 대제사장
　as well: …도 또한, 마찬가지로
11 **on account of**: … 때문에, 이유로
13 **palm** [paːm] 종려잎
　branch [bræntʃ] 가지
　shout [ʃaut] 외치다, 소리지르다
　hosanna [houzaénə] 호산나, 우리를 구원하소서
14 **donkey** [dáŋki] 당나귀

7

8

9

10

11

Jesus Comes to Jerusalem as King

12

13

14

15 이는 기록된 바 시온 딸아 두려워하지 말라 보라 너의 왕이 나귀 새끼를 타고 오신다 함과 같더라

16 제자들은 처음에 이 일을 깨닫지 못하였다가 예수께서 영광을 얻으신 후에야 이것이 예수께 대하여 기록된 것임과 사람들이 예수께 이같이 한 것임이 생각났더라

17 나사로를 무덤에서 불러내어 죽은 자 가운데서 살리실 때에 함께 있던 무리가 증언한지라

18 이에 무리가 예수를 맞음은 이 표적 행하심을 들었음이러라

19 바리새인들이 서로 말하되 볼지어다 너희 하는 일이 쓸 데 없다 보라 온 세상이 그를 따르는도다 하니라

인자가 들려야 하리라

20 명절에 예배하러 올라온 사람 중에 헬라인 몇이 있는데

21 그들이 갈릴리 벳새다 사람 빌립에게 가서 청하여 이르되 선생이여 우리가 예수를 뵈옵고자 하나이다 하니

22 빌립이 안드레에게 가서 말하고 안드레와 빌립이 예수께 가서 여쭈니

23 예수께서 대답하여 이르시되 인자가 영광을 얻을 때가 왔도다

15 "Do not be afraid, Daughter Zion;
see, your king is coming,
seated on a donkey's colt."

16 At first his disciples did not understand all this. Only after Jesus was glorified did they realize that these things had been written about him and that these things had been done to him.

17 Now the crowd that was with him when he called Lazarus from the tomb and raised him from the dead continued to spread the word.

18 Many people, because they had heard that he had performed this sign, went out to meet him.

19 So the Pharisees said to one another, "See, this is getting us nowhere. Look how the whole world has gone after him!"

Jesus Predicts His Death

20 Now there were some Greeks among those who went up to worship at the festival.

21 They came to Philip, who was from Bethsaida in Galilee, with a request. "Sir," they said, "we would like to see Jesus."

22 Philip went to tell Andrew; Andrew and Philip in turn told Jesus.

23 Jesus replied, "The hour has come for the Son of

---

15 **afraid** [əfréid] 두려워하다
daughter [dɔ́:tər] 딸
colt [koult] 어린 나귀, 나귀 새끼
16 **disciple** [disáipl] 제자
understand [ʌndərstǽnd] 이해하다, 알다
glorify [glɔ́:rəfài] …을 찬미하다, 영광을 더하다
realize [ríːəlàiz] 깨닫다, 알다
17 **tomb** [tuːm] 무덤

continue [kəntínjuː] 계속하다
19 **Pharisee** [fǽrisìː] 바리새인
get nowhere: 성과를 얻지 못하다, 효과가 없다
go after: 추구하다
20 **Greek** [griːk] 그리스의, 그리스인
worship [wɔ́ːrʃip] 예배, 경배
festival [féstəvəl] 축제, 행사
21 **request** [rikwést] 요구, 요청

15

16

17

18

19

Jesus Predicts His Death

20

21

22

23

24 내가 진실로 진실로 너희에게 이르노니 한 알의 밀이 땅에 떨어져 죽지 아니하면 한 알 그대로 있고 죽으면 많은 열매를 맺느니라

25 자기의 생명을 사랑하는 자는 잃어버릴 것이요 이 세상에서 자기의 생명을 미워하는 자는 영생하도록 보전하리라

26 사람이 나를 섬기려면 나를 따르라 나 있는 곳에 나를 섬기는 자도 거기 있으리니 사람이 나를 섬기면 내 아버지께서 그를 귀히 여기시리라

27 지금 내 마음이 괴로우니 무슨 말을 하리요 아버지여 나를 구원하여 이 때를 면하게 하여 주옵소서 그러나 내가 이를 위하여 이 때에 왔나이다

28 아버지여, 아버지의 이름을 영광스럽게 하옵소서 하시니 이에 하늘에서 소리가 나서 이르되 내가 이미 영광스럽게 하였고 또다시 영광스럽게 하리라 하시니

29 곁에 서서 들은 무리는 천둥이 울었다고도 하며 또 어떤 이들은 천사가 그에게 말하였다고도 하니

30 예수께서 대답하여 이르시되 이 소리가 난 것은 나를 위한 것이 아니요 너희를 위한 것이니라

31 이제 이 세상에 대한 심판이 이르렀으

Man to be glorified.

24 Very truly I tell you, unless a kernel of wheat falls to the ground and dies, it remains only a single seed. But if it dies, it produces many seeds.

25 Anyone who loves their life will lose it, while anyone who hates their life in this world will keep it for eternal life.

26 Whoever serves me must follow me; and where I am, my servant also will be. My Father will honor the one who serves me.

27 "Now my soul is troubled, and what shall I say? 'Father, save me from this hour'? No, it was for this very reason I came to this hour.

28 Father, glorify your name!"

Then a voice came from heaven, "I have glorified it, and will glorify it again."

29 The crowd that was there and heard it said it had thundered; others said an angel had spoken to him.

30 Jesus said, "This voice was for your benefit, not mine.

31 Now is the time for judgment on this world; now the prince of this world will be driven out.

23 **glorify** [glɔ́:rəfài] …을 찬미하다, 영광을 더하다
24 **truly** [trúːli] 진정, 진실로
　unless [ənlés] …하지 않으면
　kernel [kə́:rnl] 낟알
　remain [riméin] 머무르다, 남다
　seed [siːd] 씨앗
　produce [prədjúːs] 생산하다, 만들다
25 **hate** [heit] 싫어하다
26 **servant** [sə́:rvənt] 하인, 종
27 **troubled** [trʌbld] 괴로운, 곤란한
　very [véri] (this 뒤에서) 바로, 다름 아닌
29 **thunder** [θʌ́ndər] 천둥
30 **benefit** [bénəfit] 이익, 이득
31 **judgment** [dʒʌ́dʒmənt] 심판, 판단
　prince [prins] (the) 일인자
　be driven out: 내몰리다

24

25

26

27

28

29

30

31

니 이 세상의 임금이 쫓겨나리라
32 내가 땅에서 들리면 모든 사람을 내게로 이끌겠노라 하시니
33 이렇게 말씀하심은 자기가 어떠한 죽음으로 죽을 것을 보이심이러라
34 이에 무리가 대답하되 우리는 율법에서 그리스도가 영원히 계신다 함을 들었거늘 너는 어찌하여 인자가 들려야 하리라 하느냐 이 인자는 누구냐
35 예수께서 이르시되 아직 잠시 동안 빛이 너희 중에 있으니 빛이 있을 동안에 다녀 어둠에 붙잡히지 않게 하라 어둠에 다니는 자는 그 가는 곳을 알지 못하느니라
36 너희에게 아직 빛이 있을 동안에 빛을 믿으라 그리하면 빛의 아들이 되리라

그들이 예수를 믿지 아니하다

예수께서 이 말씀을 하시고 그들을 떠나가서 숨으시니라
37 이렇게 많은 표적을 그들 앞에서 행하셨으나 그를 믿지 아니하니
38 이는 선지자 이사야의 말씀을 이루려 하심이라 이르되 주여 우리에게서 들은 바를 누가 믿었으며 주의 팔이 누구에게 나타났나이까 하

32 And I, when I am lifted up from the earth, will draw all people to myself."
33 He said this to show the kind of death he was going to die.
34 The crowd spoke up, "We have heard from the Law that the Messiah will remain forever, so how can you say, 'The Son of Man must be lifted up'? Who is this 'Son of Man'?"
35 Then Jesus told them, "You are going to have the light just a little while longer. Walk while you have the light, before darkness overtakes you. Whoever walks in the dark does not know where they are going.
36 Believe in the light while you have the light, so that you may become children of light." When he had finished speaking, Jesus left and hid himself from them.

Belief and Unbelief Among the Jews

37 Even after Jesus had performed so many signs in their presence, they still would not believe in him.
38 This was to fulfill the word of Isaiah the prophet:
"Lord, who has believed our message
and to whom has the arm of the Lord been

---

32 **lift** [lift] 들어 올리다　**draw** [drɔː] 이끌다, 끌다
34 **Law** [lɔː] (the) 율법　**Messiah** [misáiə] 구세주, 메시아　**remain** [riméin] 머무르다, 남다　**must** [məst] 반드시 …하다
35 **a little while:** 잠시　**overtake** [ouˈvərteik] 닥치다, 압도하다
36 **believe in:** …(의 존재)를 믿다　**so that:** …할 수 있도록　**hide** [haid] 숨다, 숨어 있다
37 **even after:** …한 후에도 여전히　**presence** [prézns] (one's) 바로 곁, 앞에서
38 **fulfill** [fulfíl] 이루다, 성취하다　**prophet** [práfit] 예언자　**arm** [aːrm] 힘, 권력

32

33

34

35

36

Belief and Unbelief Among the Jews

37

38

였더라

39 그들이 능히 믿지 못한 것은 이 때문이니 곧 이사야가 다시 일렀으되

40 그들의 눈을 멀게 하시고 그들의 마음을 완고하게 하셨으니 이는 그들로 하여금 눈으로 보고 마음으로 깨닫고 돌이켜 내게 고침을 받지 못하게 하려 함이라 하였음이더라

41 이사야가 이렇게 말한 것은 주의 영광을 보고 주를 가리켜 말한 것이라

42 그러나 관리 중에도 그를 믿는 자가 많되 바리새인들 때문에 드러나게 말하지 못하니 이는 출교를 당할까 두려워함이라

43 그들은 사람의 영광을 하나님의 영광보다 더 사랑하였더라

마지막 날과 심판

44 예수께서 외쳐 이르시되 나를 믿는 자는 나를 믿는 것이 아니요 나를 보내신 이를 믿는 것이며

45 나를 보는 자는 나를 보내신 이를 보는 것이니라

46 나는 빛으로 세상에 왔나니 무릇 나를 믿는 자로 어둠에 거하지 않게 하려 함이로라

revealed?"

39 For this reason they could not believe, because, as Isaiah says elsewhere:

40 "He has blinded their eyes
and hardened their hearts,
so they can neither see with their eyes,
nor understand with their hearts,
nor turn—and I would heal them."

41 Isaiah said this because he saw Jesus' glory and spoke about him.

42 Yet at the same time many even among the leaders believed in him. But because of the Pharisees they would not openly acknowledge their faith for fear they would be put out of the synagogue;

43 for they loved human praise more than praise from God.

44 Then Jesus cried out, "Whoever believes in me does not believe in me only, but in the one who sent me.

45 The one who looks at me is seeing the one who sent me.

46 I have come into the world as a light, so that no one who believes in me should stay in darkness.

---

38 **reveal** [riví:l] 드러내다, 보여주다
39 **elsewhere** [élshwɛər] 다른 곳
40 **blind** [blaind] 시각장애의, 눈먼
   harden [há:rdn] 단단하게 하다, 굳히다
   neither A nor B: A도 B도 아니다
   heal [hi:l] 치료하다
42 **at the same time:** 동시에
   among [əmʌ́ŋ] 사이에

believe in: …(의 존재)를 믿다
Pharisee [fǽrisìː] 바리새인
acknowledge [æknálidʒ] …인정하다, 동의하다
synagogue [sínəgàg] 유대교의 예배당
43 **praise** [preiz] 칭찬하다, 높이 평가하다
44 **Whoever** [huːévər] 누구나
46 **come into:** …에 들어오다
   stay in: 남아있다, 머무르다

39

40

41

42

43

44

45

46

47 사람이 내 말을 듣고 지키지 아니할지라도 내가 그를 심판하지 아니하노라 내가 온 것은 세상을 심판하려 함이 아니요 세상을 구원하려 함이로라

48 나를 저버리고 내 말을 받지 아니하는 자를 심판할 이가 있으니 곧 내가 한 그 말이 마지막 날에 그를 심판하리라

49 내가 내 자의로 말한 것이 아니요 나를 보내신 아버지께서 내가 말할 것과 이를 것을 친히 명령하여 주셨으니

50 나는 그의 명령이 영생인 줄 아노라 그러므로 내가 이르는 것은 내 아버지께서 내게 말씀하신 그대로니라 하시니라

제자들의 발을 씻으시다

13 유월절 전에 예수께서 자기가 세상을 떠나 아버지께로 돌아가실 때가 이른 줄 아시고 세상에 있는 자기 사람들을 사랑하시되 끝까지 사랑하시니라

2 마귀가 벌써 시몬의 아들 가룟 유다의 마음에 예수를 팔려는 생각을 넣었더라

3 저녁 먹는 중 예수는 아버지께서 모든 것을 자기 손에 맡기신 것과 또 자기가 하나님께로부터 오셨다가 하나님께로 돌아가실 것을 아시고

47 "If anyone hears my words but does not keep them, I do not judge that person. For I did not come to judge the world, but to save the world.

48 There is a judge for the one who rejects me and does not accept my words; the very words I have spoken will condemn them at the last day.

49 For I did not speak on my own, but the Father who sent me commanded me to say all that I have spoken.

50 I know that his command leads to eternal life. So whatever I say is just what the Father has told me to say."

Jesus Washes His Disciples' Feet

13 It was just before the Passover Festival. Jesus knew that the hour had come for him to leave this world and go to the Father. Having loved his own who were in the world, he loved them to the end.

2 The evening meal was in progress, and the devil had already prompted Judas, the son of Simon Iscariot, to betray Jesus.

3 Jesus knew that the Father had put all things under his power, and that he had come from God and was returning to God;

47　**judge** [dʒʌdʒ] 판단하다, 심판하다
　　not A but B: A가 아니라 B
48　**reject** [ridʒékt] 거절하다
　　accept [æksépt] 받아들이다
　　the very: 바로, 참으로
　　condemn [kəndém] 유죄 판결을 내리다
49　**command** [kəmænd] 명령하다
1　**just before:** 직전, 바로 전에

　　leave [liːv] 떠나다, 남기다
2　**meal** [miːl] 식사, 한끼
　　in progress: 진행 중인
　　devil [dévl] 악마, 마귀
　　already [ɔːlrédi] 이미
　　prompt [prɑmpt] 자극하다
　　betray [bitréi] 배반하다, 배신하다
3　**return** [ritə́ːrn] 돌아오다

47

48

49

50

Jesus Washes His Disciples' Feet

13

2

3

4 저녁 잡수시던 자리에서 일어나 겉옷을 벗고 수건을 가져다가 허리에 두르시고

5 이에 대야에 물을 떠서 제자들의 발을 씻으시고 그 두르신 수건으로 닦기를 시작하여

6 시몬 베드로에게 이르시니 베드로가 이르되 주여 주께서 내 발을 씻으시나이까

7 예수께서 대답하여 이르시되 내가 하는 것을 네가 지금은 알지 못하나 이 후에는 알리라

8 베드로가 이르되 내 발을 절대로 씻지 못하시리이다 예수께서 대답하시되 내가 너를 씻어 주지 아니하면 네가 나와 상관이 없느니라

9 시몬 베드로가 이르되 주여 내 발뿐 아니라 손과 머리도 씻어 주옵소서

10 예수께서 이르시되 이미 목욕한 자는 발밖에 씻을 필요가 없느니라 온 몸이 깨끗하니라 너희가 깨끗하나 다는 아니니라 하시니

11 이는 자기를 팔 자가 누구인지 아심이라 그러므로 다는 깨끗하지 아니하다 하시니라

12 그들의 발을 씻으신 후에 옷을 입으시고 다시 앉아 그들에게 이르시되

4 so he got up from the meal, took off his outer clothing, and wrapped a towel around his waist.

5 After that, he poured water into a basin and began to wash his disciples' feet, drying them with the towel that was wrapped around him.

6 He came to Simon Peter, who said to him, "Lord, are you going to wash my feet?"

7 Jesus replied, "You do not realize now what I am doing, but later you will understand."

8 "No," said Peter, "you shall never wash my feet." Jesus answered, "Unless I wash you, you have no part with me."

9 "Then, Lord," Simon Peter replied, "not just my feet but my hands and my head as well!"

10 Jesus answered, "Those who have had a bath need only to wash their feet; their whole body is clean. And you are clean, though not every one of you."

11 For he knew who was going to betray him, and that was why he said not every one was clean.

12 When he had finished washing their feet, he put on his clothes and returned to his place. "Do you understand what I have done for you?" he asked

---

4 **outer clothing**: 겉옷
  wrap [ræp] 감싸다, 두르다
  waist [weist] 허리
5 **pour** [pɔːr] 붓다
  basin [béisn] 대야, 물 대접
6 **Lord** [lɔːrd] 주, 주인, 하나님
7 **realize** [ríːəlàiz] 깨닫다, 알다
8 **unless** [ənlés] …하지 않으면

  part [paːrt] 일부, 부분
9 **not just A but B**: A뿐만 아니라 B 또한
  as well: …도 또한, 마찬가지로
10 **bath** [bæθ] 목욕
  whole [houl] 전체, 전부
  clean [kliːn] 깨끗한, 청결한
  though [ðou] 그러나, …일지라도
11 **betray** [bitréi] 배반하다, 배신하다

4

5

6

7

8

9

10

11

12

내가 너희에게 행한 것을 너희가 아느냐

13 너희가 나를 선생이라 또는 주라 하니 너희 말이 옳도다 내가 그러하다

14 내가 주와 또는 선생이 되어 너희 발을 씻었으니 너희도 서로 발을 씻어 주는 것이 옳으니라

15 내가 너희에게 행한 것 같이 너희도 행하게 하려 하여 본을 보였노라

16 내가 진실로 진실로 너희에게 이르노니 종이 주인보다 크지 못하고 보냄을 받은 자가 보낸 자보다 크지 못하나니

17 너희가 이것을 알고 행하면 복이 있으리라

18 내가 너희 모두를 가리켜 말하는 것이 아니니라 나는 내가 택한 자들이 누구인지 앎이라 그러나 내 떡을 먹는 자가 내게 발꿈치를 들었다 한 성경을 응하게 하려는 것이니라

19 지금부터 일이 일어나기 전에 미리 너희에게 일러 둠은 일이 일어날 때에 내가 그인 줄 너희가 믿게 하려 함이로라

20 내가 진실로 진실로 너희에게 이르노니 내가 보낸 자를 영접하는 자는 나를 영접하는 것이요 나를 영접하는 자는 나를 보내신 이를 영접하는 것이니라

them.

13 "You call me 'Teacher' and 'Lord,' and rightly so, for that is what I am.

14 Now that I, your Lord and Teacher, have washed your feet, you also should wash one another's feet.

15 I have set you an example that you should do as I have done for you.

16 Very truly I tell you, no servant is greater than his master, nor is a messenger greater than the one who sent him.

17 Now that you know these things, you will be blessed if you do them.

Jesus Predicts His Betrayal

18 "I am not referring to all of you; I know those I have chosen. But this is to fulfill this passage of Scripture: 'He who shared my bread has turned against me.'

19 "I am telling you now before it happens, so that when it does happen you will believe that I am who I am.

20 Very truly I tell you, whoever accepts anyone I send accepts me; and whoever accepts me accepts the one who sent me."

13 **rightly** [ráitli] 올바르게, 옳게
15 **example** [igzǽmpl] 본보기, 사례
16 **truly** [trúːli] 진정, 진실로
　servant [sɔ́ːrvənt] 하인, 종
　master [mǽstər] 주인
　messenger [mésəndʒər] 심부름꾼, 전령
17 **bless** [bles] 축복하다
18 **refer** [rifɔ́ːr] 말하다, 언급하다

choose [ʧuːz] 선택하다, 고르다
fulfill [fulfíl] 이루다, 성취하다
passage [pǽsidʒ] 구절
Scripture [skrípʧər] 성경, 성서
share [ʃɛər] 공유하다, 나누다
against [əgénst] 대항하다, 반대하다
19 **happen** [hǽpən] 일어나다, 발생하다
20 **whoever** [huːévər] 누구나

13

14

15

16

17

Jesus Predicts His Betrayal

18

19

20

너희 중 하나가 나를 팔리라

21 예수께서 이 말씀을 하시고 심령이 괴로워 증언하여 이르시되 내가 진실로 진실로 너희에게 이르노니 너희 중 하나가 나를 팔리라 하시니

22 제자들이 서로 보며 누구에게 대하여 말씀하시는지 의심하더라

23 예수의 제자 중 하나 곧 그가 사랑하시는 자가 예수의 품에 의지하여 누웠는지라

24 시몬 베드로가 머릿짓을 하여 말하되 말씀하신 자가 누구인지 말하라 하니

25 그가 예수의 가슴에 그대로 의지하여 말하되 주여 누구니이까

26 예수께서 대답하시되 내가 떡 한 조각을 적셔다 주는 자가 그니라 하시고 곧 한 조각을 적셔서 가룟 시몬의 아들 유다에게 주시니

27 조각을 받은 후 곧 사탄이 그 속에 들어간지라 이에 예수께서 유다에게 이르시되 네가 하는 일을 속히 하라 하시니

28 이 말씀을 무슨 뜻으로 하셨는지 그 앉은 자 중에 아는 자가 없고

29 어떤 이들은 유다가 돈궤를 맡았으므로 명절에 우리가 쓸 물건을 사라

21 After he had said this, Jesus was troubled in spirit and testified, "Very truly I tell you, one of you is going to betray me."

22 His disciples stared at one another, at a loss to know which of them he meant.

23 One of them, the disciple whom Jesus loved, was reclining next to him.

24 Simon Peter motioned to this disciple and said, "Ask him which one he means."

25 Leaning back against Jesus, he asked him, "Lord, who is it?"

26 Jesus answered, "It is the one to whom I will give this piece of bread when I have dipped it in the dish." Then, dipping the piece of bread, he gave it to Judas, the son of Simon Iscariot.

27 As soon as Judas took the bread, Satan entered into him.

So Jesus told him, "What you are about to do, do quickly."

28 But no one at the meal understood why Jesus said this to him.

29 Since Judas had charge of the money, some thought Jesus was telling him to buy what was needed for the festival, or to give something to

---

21 **testify** [téstəfài] 증언하다, 증명하다
22 **stare at:** ···을 응시하다
　　at a loss: 당황하여, 어찌할 바를 몰라
23 **recline** [rikláin] 눕다, 기대다
24 **motion** [móuʃən] 몸짓, 손짓
26 **answer** [ǽnsər] 답하다
　　piece [piːs] 조각
　　dip [dip] 잠깐 담그다, 잠깐 넣다

27 **as soon as:** ···하자마자
　　Satan [séitn] 사탄, 악마
　　quickly [kwíkli] 빨리, 신속히
28 **no one:** 아무도 ···않다
　　meal [miːl] 식사, 한끼
29 **since** [sins] ···이므로, ···이기 때문에
　　charge [ʧɑːrdʒ] 청구하다
　　festival [féstəvəl] 축제, 행사

21

22

23

24

25

26

27

28

29

하시는지 혹은 가난한 자들에게 무엇을 주라 하시는 줄로 생각하더라

30 유다가 그 조각을 받고 곧 나가니 밤이러라

새 계명

31 그가 나간 후에 예수께서 이르시되 지금 인자가 영광을 받았고 하나님도 인자로 말미암아 영광을 받으셨도다

32 만일 하나님이 그로 말미암아 영광을 받으셨으면 하나님도 자기로 말미암아 그에게 영광을 주시리니 곧 주시리라

33 작은 자들아 내가 아직 잠시 너희와 함께 있겠노라 너희가 나를 찾을 것이나 일찍이 내가 유대인들에게 너희는 내가 가는 곳에 올 수 없다고 말한 것과 같이 지금 너희에게도 이르노라

34 새 계명을 너희에게 주노니 서로 사랑하라 내가 너희를 사랑한 것 같이 너희도 서로 사랑하라

35 너희가 서로 사랑하면 이로써 모든 사람이 너희가 내 제자인 줄 알리라

베드로가 부인할 것을 이르시다

36 시몬 베드로가 이르되 주여 어디로 가시나이까 예수께서 대답하시되 내가 가는 곳에 네가 지금은 따라올 수 없으나 후에는 따라오리라

37 베드로가 이르되 주여 내가 지금은 어찌

the poor.

30 As soon as Judas had taken the bread, he went out. And it was night.

Jesus Predicts Peter's Denial

31 When he was gone, Jesus said, "Now the Son of Man is glorified and God is glorified in him.

32 If God is glorified in him, God will glorify the Son in himself, and will glorify him at once.

33 "My children, I will be with you only a little longer. You will look for me, and just as I told the Jews, so I tell you now: Where I am going, you cannot come.

34 "A new command I give you: Love one another. As I have loved you, so you must love one another.

35 By this everyone will know that you are my disciples, if you love one another."

36 Simon Peter asked him, "Lord, where are you going?"
Jesus replied, "Where I am going, you cannot follow now, but you will follow later."

37 Peter asked, "Lord, why can't I follow you now? I will lay down my life for you."

29 **poor** [puər] 가난한, 빈곤한
30 **as soon as:** …하자마자
go out: 나가다
31 **glorify** [glɔ́ːrəfài] …을 찬미하다, 영광을 더하다
32 **at once:** 즉시, 당장에
33 **a little longer:** 조금만 더
look for: 찾다
just as: 처럼, 만큼

Jew [dʒuː] 유대인, 이스라엘인
34 **command** [kəmaénd] 명령하다
one another: 서로, 상호
35 **disciple** [disáipl] 제자
36 **Lord** [lɔːrd] 주, 주인, 하나님
follow [fálou] 따르다, 좇다
later [léitər] 후에, 나중에
37 **lay down one's life:** 목숨을 버리다

30

Jesus Predicts Peter's Denial

31

32

33

34

35

36

37

하여 따라갈 수 없나이까 주를 위하여 내 목숨을 버리겠나이다

38 예수께서 대답하시되 네가 나를 위하여 네 목숨을 버리겠느냐 내가 진실로 진실로 네게 이르노니 닭 울기 전에 네가 세 번 나를 부인하리라

내가 곧 길이요 진리요 생명이니

14 너희는 마음에 근심하지 말라 하나님을 믿으니 또 나를 믿으라

2 내 아버지 집에 거할 곳이 많도다 그렇지 않으면 너희에게 일렀으리라 내가 너희를 위하여 거처를 예비하러 가노니

3 가서 너희를 위하여 거처를 예비하면 내가 다시 와서 너희를 내게로 영접하여 나 있는 곳에 너희도 있게 하리라

4 내가 어디로 가는지 그 길을 너희가 아느니라

5 도마가 이르되 주여 주께서 어디로 가시는지 우리가 알지 못하거늘 그 길을 어찌 알겠사옵나이까

6 예수께서 이르시되 내가 곧 길이요 진리요 생명이니 나로 말미암지 않고는 아버지께로 올 자가 없느니라

7 너희가 나를 알았더라면 내 아버지도 알았으리로다 이제부터는 너희가

38 Then Jesus answered, "Will you really lay down your life for me? Very truly I tell you, before the rooster crows, you will disown me three times!

Jesus Comforts His Disciples

14 "Do not let your hearts be troubled. You believe in God; believe also in me.

2 My Father's house has many rooms; if that were not so, would I have told you that I am going there to prepare a place for you?

3 And if I go and prepare a place for you, I will come back and take you to be with me that you also may be where I am.

4 You know the way to the place where I am going."

Jesus the Way to the Father

5 Thomas said to him, "Lord, we don't know where you are going, so how can we know the way?"

6 Jesus answered, "I am the way and the truth and the life. No one comes to the Father except through me.

7 If you really know me, you will know my Father as well. From now on, you do know him and have seen him."

---

38 rooster [rúːstər] 수탉
crow [krou] (수탉이) 울다
times [taimz] 번, 때
1 heart [haːrt] 심장, 마음
trouble [trʌbl] 걱정하다, 괴로워하다
believe in: …(의 존재)를 믿다
2 prepare [pripéər] 준비하다, 마련하다
place [pleis] 장소, 공간

6 answer [ǽnsər] 답하다
truth [truːθ] 진리, 진실된 것
no one: 아무도 …않다
except [iksépt] 제외하다, 외에는
through [θruː] 통하여
7 really [ríːəli] 정말로, 실제로
as well: …도 또한, 마찬가지로
from now on: 앞으로는, 지금부터는

38

Jesus Comforts His Disciples

14

2

3

4

Jesus the Way to the Father

5

6

7

그를 알았고 또 보았느니라

8 빌립이 이르되 주여 아버지를 우리에게 보여 주옵소서 그리하면 족하겠나이다

9 예수께서 이르시되 빌립아 내가 이렇게 오래 너희와 함께 있으되 네가 나를 알지 못하느냐 나를 본 자는 아버지를 보았거늘 어찌하여 아버지를 보이라 하느냐

10 내가 아버지 안에 거하고 아버지는 내 안에 계신 것을 네가 믿지 아니하느냐 내가 너희에게 이르는 말은 스스로 하는 것이 아니라 아버지께서 내 안에 계셔서 그의 일을 하시는 것이라

11 내가 아버지 안에 거하고 아버지께서 내 안에 계심을 믿으라 그렇지 못하겠거든 행하는 그 일로 말미암아 나를 믿으라

12 내가 진실로 진실로 너희에게 이르노니 나를 믿는 자는 내가 하는 일을 그도 할 것이요 또한 그보다 큰 일도 하리니 이는 내가 아버지께로 감이라

13 너희가 내 이름으로 무엇을 구하든지 내가 행하리니 이는 아버지로 하여금 아들로 말미암아 영광을 받으시게 하려 함이라

14 내 이름으로 무엇이든지 내게 구하면 내가 행하리라

15 너희가 나를 사랑하면 나의 계명을 지키리라

8 Philip said, "Lord, show us the Father and that will be enough for us."

9 Jesus answered: "Don't you know me, Philip, even after I have been among you such a long time? Anyone who has seen me has seen the Father. How can you say, 'Show us the Father'?

10 Don't you believe that I am in the Father, and that the Father is in me? The words I say to you I do not speak on my own authority. Rather, it is the Father, living in me, who is doing his work.

11 Believe me when I say that I am in the Father and the Father is in me; or at least believe on the evidence of the works themselves.

12 Very truly I tell you, whoever believes in me will do the works I have been doing, and they will do even greater things than these, because I am going to the Father.

13 And I will do whatever you ask in my name, so that the Father may be glorified in the Son.

14 You may ask me for anything in my name, and I will do it.

Jesus Promises the Holy Spirit

15 "If you love me, keep my commands.

---

8 **show** [ʃou] 보여주다, 나타나다
  enough [inʌf] 충분한, 족한
9 **even after:** …한 후에도 여전히
  among [əmʌ́ŋ] 사이에
  anyone [éniwʌn] 누구든지, 모든 사람
10 **on one's own:** 혼자 힘으로, 스스로
  authority [əθɔ́ːrəti] 권한
  rather [rǽðər] 도리어, 그렇기는커녕

11 **at least:** 적어도, 하다못해
  evidence [évədəns] 증거, 흔적
12 **whoever** [huːévər] 누구나
  even [íːvən] (비교급을 강조해) 더욱, 더
13 **whatever** [hwʌtévər] 무엇이든
  so that: …할 수 있도록
14 **anything** [éniθiŋ] 어느 것이든, 아무것도
15 **command** [kəmǽnd] 명령하다

8
_____

9
_____

_____

_____

10
_____

_____

_____

_____

11
_____

_____

12
_____

_____

_____

13
_____

14
_____

Jesus Promises the Holy Spirit
_____

15

16 내가 아버지께 구하겠으니 그가 또 다른 보혜사를 너희에게 주사 영원토록 너희와 함께 있게 하리니

17 그는 진리의 영이라 세상은 능히 그를 받지 못하나니 이는 그를 보지도 못하고 알지도 못함이라 그러나 너희는 그를 아나니 그는 너희와 함께 거하심이요 또 너희 속에 계시겠음이라

18 내가 너희를 고아와 같이 버려두지 아니하고 너희에게로 오리라

19 조금 있으면 세상은 다시 나를 보지 못할 것이로되 너희는 나를 보리니 이는 내가 살아 있고 너희도 살아 있겠음이라

20 그 날에는 내가 아버지 안에, 너희가 내 안에, 내가 너희 안에 있는 것을 너희가 알리라

21 나의 계명을 지키는 자라야 나를 사랑하는 자니 나를 사랑하는 자는 내 아버지께 사랑을 받을 것이요 나도 그를 사랑하여 그에게 나를 나타내리라

22 가룟인 아닌 유다가 이르되 주여 어찌하여 자기를 우리에게는 나타내시고 세상에는 아니하려 하시나이까

23 예수께서 대답하여 이르시되 사람이 나를 사랑하면 내 말을 지키리니 내 아버지께서 그를 사랑하실 것이요 우리가 그에게 가서 거처를 그와 함께 하리라

16 And I will ask the Father, and he will give you another advocate to help you and be with you forever—

17 the Spirit of truth. The world cannot accept him, because it neither sees him nor knows him. But you know him, for he lives with you and will be in you.

18 I will not leave you as orphans; I will come to you.

19 Before long, the world will not see me anymore, but you will see me. Because I live, you also will live.

20 On that day you will realize that I am in my Father, and you are in me, and I am in you.

21 Whoever has my commands and keeps them is the one who loves me. The one who loves me will be loved by my Father, and I too will love them and show myself to them."

22 Then Judas (not Judas Iscariot) said, "But, Lord, why do you intend to show yourself to us and not to the world?"

23 Jesus replied, "Anyone who loves me will obey my teaching. My Father will love them, and we will come to them and make our home

16 **advocate** [ǽdvəkèit] 옹호자, 중재자
17 **accept** [æksépt] 받아들이다
   neither A nor B: A도 B도 아니다
   live [liv] 살다, 거주하다
18 **leave** [liːv] 떠나다, 남기다
   orphan [ɔ́ːrfən] 고아
19 **before long:** 곧, 조만간
   anymore [ènimɔ́ːr] 더 이상

20 **realize** [ríːəlàiz] 깨닫다, 알다
21 **command** [kəmaénd] 명령하다
   keep [kiːp] 지키다, 유지하다
   be loved by: …에게 사랑을 받다
22 **then** [ðen] 그때, 그 무렵
   intend [inténd] 의도하다, 하려고 하다
23 **anyone** [éniwʌn] 누구든지, 모든 사람
   obey [oubéi] 복종하다, 따르다

16

17

18

19

20

21

22

23

24 나를 사랑하지 아니하는 자는 내 말을 지키지 아니하나니 너희가 듣는 말은 내 말이 아니요 나를 보내신 아버지의 말씀이니라

보혜사

25 내가 아직 너희와 함께 있어서 이 말을 너희에게 하였거니와

26 보혜사 곧 아버지께서 내 이름으로 보내실 성령 그가 너희에게 모든 것을 가르치고 내가 너희에게 말한 모든 것을 생각나게 하리라

27 평안을 너희에게 끼치노니 곧 나의 평안을 너희에게 주노라 내가 너희에게 주는 것은 세상이 주는 것과 같지 아니하니라 너희는 마음에 근심하지도 말고 두려워하지도 말라

28 내가 갔다가 너희에게로 온다 하는 말을 너희가 들었나니 나를 사랑하였더라면 내가 아버지께로 감을 기뻐하였으리라 아버지는 나보다 크심이라

29 이제 일이 일어나기 전에 너희에게 말한 것은 일이 일어날 때에 너희로 믿게 하려 함이라

30 이 후에는 내가 너희와 말을 많이 하지 아니하리니 이 세상의 임금이 오겠음이라 그러나 그는 내게 관계할 것이 없으니

31 오직 내가 아버지를 사랑하는 것과 아

with them.

24 Anyone who does not love me will not obey my teaching. These words you hear are not my own; they belong to the Father who sent me.

25 "All this I have spoken while still with you.

26 But the Advocate, the Holy Spirit, whom the Father will send in my name, will teach you all things and will remind you of everything I have said to you.

27 Peace I leave with you; my peace I give you. I do not give to you as the world gives. Do not let your hearts be troubled and do not be afraid.

28 "You heard me say, 'I am going away and I am coming back to you.' If you loved me, you would be glad that I am going to the Father, for the Father is greater than I.

29 I have told you now before it happens, so that when it does happen you will believe.

30 I will not say much more to you, for the prince of this world is coming. He has no hold over me,

31 but he comes so that the world may learn

---

24 obey [oubéi] 따르다, 복종하다
belong to: …에 속하다
25 while [hwail] …동안에
26 advocate [aédvəkèit] 옹호자, 중재자
Holy Spirit: 성령
remind [rimáind] 생각나게 하다
27 peace [piːs] 평화, 평안
trouble [trʌbl] 걱정하다, 괴로워하다

afraid [əfréid] 두려워하다
28 go away: 가버리다, 떠나다
glad [glæd] 기쁜
29 so that: …할 수 있도록
30 much more: 더욱, 훨씬 더
prince [prins] (the) 일인자
hold over: 지배하다, 영향을 주다
31 learn [ləːrn] 깨닫다, 배우다

24

25

26

27

28

29

30

31

버지께서 명하신 대로 행하는 것을 세
상이 알게 하려 함이로라 일어나라 여
기를 떠나자 하시니라

나는 포도나무요 너희는 가지라

15 나는 참포도나무요 내 아버지는 농부라

2 무릇 내게 붙어 있어 열매를 맺지 아니
하는 가지는 아버지께서 그것을 제거해
버리시고 무릇 열매를 맺는 가지는 더
열매를 맺게 하려 하여 그것을 깨끗하
게 하시느니라

3 너희는 내가 일러준 말로 이미 깨끗하
여졌으니

4 내 안에 거하라 나도 너희 안에 거하리
라 가지가 포도나무에 붙어 있지 아니
하면 스스로 열매를 맺을 수 없음 같이
너희도 내 안에 있지 아니하면 그러하
리라

5 나는 포도나무요 너희는 가지라 그가
내 안에, 내가 그 안에 거하면 사람이 열
매를 많이 맺나니 나를 떠나서는 너희
가 아무 것도 할 수 없음이라

6 사람이 내 안에 거하지 아니하면 가지처
럼 밖에 버려져 마르나니 사람들이 그
것을 모아다가 불에 던져 사르느니라

7 너희가 내 안에 거하고 내 말이 너희 안
에 거하면 무엇이든지 원하는 대로 구
하라 그리하면 이루리라

that I love the Father and do exactly what my Father has commanded me.

"Come now; let us leave.

The Vine and the Branches

15 "I am the true vine, and my Father is the gardener.

2 He cuts off every branch in me that bears no fruit, while every branch that does bear fruit he prunes so that it will be even more fruitful.

3 You are already clean because of the word I have spoken to you.

4 Remain in me, as I also remain in you. No branch can bear fruit by itself; it must remain in the vine. Neither can you bear fruit unless you remain in me.

5 "I am the vine; you are the branches. If you remain in me and I in you, you will bear much fruit; apart from me you can do nothing.

6 If you do not remain in me, you are like a branch that is thrown away and withers; such branches are picked up, thrown into the fire and burned.

7 If you remain in me and my words remain in you, ask whatever you wish, and it will be done for you.

---

31 **command** [kəmaénd] 명령하다
1 **vine** [vain] 포도나무, 덩굴
  gardener [gɑ́ːrdnər] 정원사
2 **cut off:** 잘라버리다
  bear [bɛər] 맺다, 낳다
  prune [pruːn] 가지치기하다
  even more: 더욱 더
  fruitful [frúːtfəl] 열매가 많이 열리는

4 **remain** [riméin] 머무르다, 남다
  neither [níːðər] …도 또한 …아니다
5 **apart from:** 제외하고, …은 제쳐 놓고
6 **throw away:** 버리다, 던지다
  wither [wíðər] 시들다, 말라죽다
  pick up: 집다
  burn [bəːrn] 타다
7 **whatever** [hwʌtévər] 무엇이든

The Vine and the Branches

15

2

3

4

5

6

7

8 너희가 열매를 많이 맺으면 내 아버지께서 영광을 받으실 것이요 너희는 내 제자가 되리라

9 아버지께서 나를 사랑하신 것 같이 나도 너희를 사랑하였으니 나의 사랑 안에 거하라

10 내가 아버지의 계명을 지켜 그의 사랑 안에 거하는 것 같이 너희도 내 계명을 지키면 내 사랑 안에 거하리라

11 내가 이것을 너희에게 이름은 내 기쁨이 너희 안에 있어 너희 기쁨을 충만하게 하려 함이라

12 내 계명은 곧 내가 너희를 사랑한 것 같이 너희도 서로 사랑하라 하는 이것이니라

13 사람이 친구를 위하여 자기 목숨을 버리면 이보다 더 큰 사랑이 없나니

14 너희는 내가 명하는 대로 행하면 곧 나의 친구라

15 이제부터는 너희를 종이라 하지 아니하리니 종은 주인이 하는 것을 알지 못함이라 너희를 친구라 하였노니 내가 내 아버지께 들은 것을 다 너희에게 알게 하였음이라

16 너희가 나를 택한 것이 아니요 내가 너희를 택하여 세웠나니 이는 너희로 가서 열매를 맺게 하고 또 너희 열매가 항상 있게 하여 내 이름으로 아버지께 무엇을 구하든지 다 받게 하려 함이라

17 내가 이것을 너희에게 명함은 너희로 서

8 This is to my Father's glory, that you bear much fruit, showing yourselves to be my disciples.

9 "As the Father has loved me, so have I loved you. Now remain in my love.

10 If you keep my commands, you will remain in my love, just as I have kept my Father's commands and remain in his love.

11 I have told you this so that my joy may be in you and that your joy may be complete.

12 My command is this: Love each other as I have loved you.

13 Greater love has no one than this: to lay down one's life for one's friends.

14 You are my friends if you do what I command.

15 I no longer call you servants, because a servant does not know his master's business. Instead, I have called you friends, for everything that I learned from my Father I have made known to you.

16 You did not choose me, but I chose you and appointed you so that you might go and bear fruit—fruit that will last—and so that whatever you ask in my name the Father will give you.

17 This is my command: Love each other.

8 glory [glɔ́ːri] 영광
disciple [disáipl] 제자
9 remain [riméin] 머무르다, 남다
10 just as: 처럼, 만큼
command [kəmǽnd] 명령하다
11 joy [dʒɔi] 기쁨
complete [kəmplíːt] 완성되다, 완료하다
13 lay down one's life: 목숨을 버리다
15 no longer: 더 이상 …않다
servant [sə́ːrvənt] 하인, 종
master [mǽstər] 주인
instead [instéd] 대신에
16 choose [ʧuːz] 선택하다, 고르다
appoint [əpɔ́int] 지명하다, 임명하다
so that: …할 수 있도록
bear [bɛər] 맺다, 낳다

8

9

10

11

12

13

14

15

16

17

로 사랑하게 하려 함이라

18 세상이 너희를 미워하면 너희보다 먼저 나를 미워한 줄을 알라

19 너희가 세상에 속하였으면 세상이 자기의 것을 사랑할 것이나 너희는 세상에 속한 자가 아니요 도리어 내가 너희를 세상에서 택하였기 때문에 세상이 너희를 미워하느니라

20 내가 너희에게 종이 주인보다 더 크지 못하다 한 말을 기억하라 사람들이 나를 박해하였은즉 너희도 박해할 것이요 내 말을 지켰은즉 너희 말도 지킬 것이라

21 그러나 사람들이 내 이름으로 말미암아 이 모든 일을 너희에게 하리니 이는 나를 보내신 이를 알지 못함이라

22 내가 와서 그들에게 말하지 아니하였더라면 죄가 없었으려니와 지금은 그 죄를 핑계할 수 없느니라

23 나를 미워하는 자는 또 내 아버지를 미워하느니라

24 내가 아무도 못한 일을 그들 중에서 하지 아니하였더라면 그들에게 죄가 없었으려니와 지금은 그들이 나와 내 아버지를 보았고 또 미워하였도다

25 그러나 이는 그들의 율법에 기록된 바 그들이 이유 없이 나를 미워하였다 한

The World Hates the Disciples

18 "If the world hates you, keep in mind that it hated me first.

19 If you belonged to the world, it would love you as its own. As it is, you do not belong to the world, but I have chosen you out of the world. That is why the world hates you.

20 Remember what I told you: 'A servant is not greater than his master.' If they persecuted me, they will persecute you also. If they obeyed my teaching, they will obey yours also.

21 They will treat you this way because of my name, for they do not know the one who sent me.

22 If I had not come and spoken to them, they would not be guilty of sin; but now they have no excuse for their sin.

23 Whoever hates me hates my Father as well.

24 If I had not done among them the works no one else did, they would not be guilty of sin. As it is, they have seen, and yet they have hated both me and my Father.

25 But this is to fulfill what is written in their

18 **hate** [heit] 싫어하다
keep in mind: 명심하다
19 **belong to:** …에 속하다
as it is: 실은, 사실을 말하자면
20 **persecute** [pɔ́ːrsikjùːt] 박해하다
obey [oubéi] 따르다, 복종하다
21 **treat** [triːt] 대하다, 대우하다
22 **guilty** [gílti] 유죄의, 죄를 범한

excuse [ikskjúːz] 변명, 핑계
23 **whoever** [huːévər] 누구나
as well: …도 또한, 마찬가지로
24 **among** [əmʌ́ŋ] 사이에
no one else: 다른 누구도
both A and B: A와 B 둘 다
25 **fulfill** [fulfíl] 이루다, 성취하다
written [ritn] 쓴, 문서의

The World Hates the Disciples

18

19

20

21

22

23

24

25

말을 응하게 하려 함이라

26 내가 아버지께로부터 너희에게 보낼 보혜사 곧 아버지께로부터 나오시는 진리의 성령이 오실 때에 그가 나를 증언하실 것이요

27 너희도 처음부터 나와 함께 있었으므로 증언하느니라

성령의 일

16 내가 이것을 너희에게 이름은 너희로 실족하지 않게 하려 함이니

2 사람들이 너희를 출교할 뿐 아니라 때가 이르면 무릇 너희를 죽이는 자가 생각하기를 이것이 하나님을 섬기는 일이라 하리라

3 그들이 이런 일을 할 것은 아버지와 나를 알지 못함이라

4 오직 너희에게 이 말을 한 것은 너희로 그 때를 당하면 내가 너희에게 말한 이것을 기억나게 하려 함이요 처음부터 이 말을 하지 아니한 것은 내가 너희와 함께 있었음이라

5 지금 내가 나를 보내신 이에게로 가는데 너희 중에서 나더러 어디로 가는지 묻는 자가 없고

6 도리어 내가 이 말을 하므로 너희 마음에 근심이 가득하였도다

Law: 'They hated me without reason.'

The Work of the Holy Spirit

26 "When the Advocate comes, whom I will send to you from the Father—the Spirit of truth who goes out from the Father—he will testify about me.

27 And you also must testify, for you have been with me from the beginning.

16 "All this I have told you so that you will not fall away.

2 They will put you out of the synagogue; in fact, the time is coming when anyone who kills you will think they are offering a service to God.

3 They will do such things because they have not known the Father or me.

4 I have told you this, so that when their time comes you will remember that I warned you about them. I did not tell you this from the beginning because I was with you,

5 but now I am going to him who sent me. None of you asks me, 'Where are you going?'

6 Rather, you are filled with grief because I have said these things.

---

25 **without** [wiðáut] …없이, …하지 않고
reason [ríːzn] 이유, 원인
26 **advocate** [ǽdvəkèit] 옹호자, 중재자
testify [téstəfài] 증언하다, 증명하다
27 **from the beginning:** 처음부터
1 **so that:** …할 수 있도록
fall away: 저버리다
2 **synagogue** [sínəgàg] 유대교의 예배당

offer [ɔ́ːfər] 바치다, 제공하다
service [sə́ːrvis] 봉사, 공헌
4 **remember** [rimémbər] 생각해내다, 떠올리다
warn [wɔːrn] 경고하다, 알려주다
5 **none** [nʌn] 아무도, 단 한 사람도
6 **rather** [rǽðər] 도리어, 반대로
be filled with: …로 가득차다
grief [griːf] 슬픔, 깊은 고뇌

The Work of the Holy Spirit

26

27

16

2

3

4

5

6

7 그러나 내가 너희에게 실상을 말하노니 내가 떠나가는 것이 너희에게 유익이라 내가 떠나가지 아니하면 보혜사가 너희에게로 오시지 아니할 것이요 가면 내가 그를 너희에게로 보내리니

8 그가 와서 죄에 대하여, 의에 대하여, 심판에 대하여 세상을 책망하시리라

9 죄에 대하여라 함은 그들이 나를 믿지 아니함이요

10 의에 대하여라 함은 내가 아버지께로 가니 너희가 다시 나를 보지 못함이요

11 심판에 대하여라 함은 이 세상 임금이 심판을 받았음이라

12 내가 아직도 너희에게 이를 것이 많으나 지금은 너희가 감당하지 못하리라

13 그러나 진리의 성령이 오시면 그가 너희를 모든 진리 가운데로 인도하시리니 그가 스스로 말하지 않고 오직 들은 것을 말하며 장래 일을 너희에게 알리시리라

14 그가 내 영광을 나타내리니 내 것을 가지고 너희에게 알리시겠음이라

15 무릇 아버지께 있는 것은 다 내 것이라 그러므로 내가 말하기를 그가 내 것을 가지고 너희에게 알리시리라 하였노라

7 But very truly I tell you, it is for your good that I am going away. Unless I go away, the Advocate will not come to you; but if I go, I will send him to you.

8 When he comes, he will prove the world to be in the wrong about sin and righteousness and judgment:

9 about sin, because people do not believe in me;

10 about righteousness, because I am going to the Father, where you can see me no longer;

11 and about judgment, because the prince of this world now stands condemned.

12 "I have much more to say to you, more than you can now bear.

13 But when he, the Spirit of truth, comes, he will guide you into all the truth. He will not speak on his own; he will speak only what he hears, and he will tell you what is yet to come.

14 He will glorify me because it is from me that he will receive what he will make known to you.

15 All that belongs to the Father is mine. That is why I said the Spirit will receive from me what he will make known to you."

7 **unless** [ənlés] …하지 않으면
advocate [aédvəkèit] 옹호자, 중재자
8 **prove** [pruːv] 증언하다, 증명하다
in the wrong: 잘못하여, 그릇되어
righteousness [ráitʃəsnis] 의, 정직, 정의
judgment [dʒʌdʒmənt] 심판, 판단
9 **believe in**: …(의 존재)를 믿다
10 **no longer**: 더 이상 …않다

11 **prince** [prins] (the) 일인자
condemn [kəndém] 유죄 판결을 내리다
12 **much more**: 더욱, 훨씬 더
bear [bɛər] 맺다, 낳다
13 **guide** [gaid] 안내하다, 인도하다
on one's own: 혼자 힘으로, 스스로
yet to come: 아직 오지 않았다
14 **glorify** [glɔ́ːrəfài] …을 찬미하다, 영광을 더하다

7

8

9

10

11

12

13

14

15

16 조금 있으면 너희가 나를 보지 못하겠고 또 조금 있으면 나를 보리라 하시니

17 제자 중에서 서로 말하되 우리에게 말씀하신 바 조금 있으면 나를 보지 못하겠고 또 조금 있으면 나를 보리라 하시며 또 내가 아버지께로 감이라 하신 것이 무슨 말씀이냐 하고

18 또 말하되 조금 있으면이라 하신 말씀이 무슨 말씀이냐 무엇을 말씀하시는지 알지 못하노라 하거늘

19 예수께서 그 묻고자 함을 아시고 이르시되 내 말이 조금 있으면 나를 보지 못하겠고 또 조금 있으면 나를 보리라 하므로 서로 문의하느냐

20 내가 진실로 진실로 너희에게 이르노니 너희는 곡하고 애통하겠으나 세상은 기뻐하리라 너희는 근심하겠으나 너희 근심이 도리어 기쁨이 되리라

21 여자가 해산하게 되면 그 때가 이르렀으므로 근심하나 아기를 낳으면 세상에 사람 난 기쁨으로 말미암아 그 고통을 다시 기억하지 아니하느니라

The Disciples' Grief Will Turn to Joy

16 Jesus went on to say, "In a little while you will see me no more, and then after a little while you will see me."

17 At this, some of his disciples said to one another, "What does he mean by saying, 'In a little while you will see me no more, and then after a little while you will see me,' and 'Because I am going to the Father'?"

18 They kept asking, "What does he mean by 'a little while'? We don't understand what he is saying."

19 Jesus saw that they wanted to ask him about this, so he said to them, "Are you asking one another what I meant when I said, 'In a little while you will see me no more, and then after a little while you will see me'?

20 Very truly I tell you, you will weep and mourn while the world rejoices. You will grieve, but your grief will turn to joy.

21 A woman giving birth to a child has pain because her time has come; but when her baby is born she forgets the anguish because of her joy that a child is born into the world.

---

16 **a little while**: 잠시
no more: 더 이상
after a little while: 잠시 뒤에
17 **disciple** [disáipl] 제자
another [ənʌ́ðər] 다른, 또 하나의
mean [miːn] 의미하다
18 **keep …ing**: 계속 …하다
20 **truly** [trúːli] 진정, 진실로

weep [wiːp] 울다, 눈물을 흘리다
mourn [mɔːrn] 애도하다, 추모하다
rejoice [ridʒɔ́is] 기뻐하다
grieve [griːv] 슬퍼하다, 힘들어하다
turn [təːrn] 바꾸다, 전환하다
21 **give birth**: 낳다, 출산하다
forget [fərgét] 잊다, 망각하다
anguish [ǽŋgwiʃ] 고통

16

17

18

19

20

21

22 지금은 너희가 근심하나 내가 다시 너희를 보리니 너희 마음이 기쁠 것이요 너희 기쁨을 빼앗을 자가 없으리라

23 그 날에는 너희가 아무 것도 내게 묻지 아니하리라 내가 진실로 진실로 너희에게 이르노니 너희가 무엇이든지 아버지께 구하는 것을 내 이름으로 주시리라

24 지금까지는 너희가 내 이름으로 아무 것도 구하지 아니하였으나 구하라 그리하면 받으리니 너희 기쁨이 충만하리라

내가 세상을 이기었다

25 이것을 비유로 너희에게 일렀거니와 때가 이르면 다시는 비유로 너희에게 이르지 않고 아버지에 대한 것을 밝히 이르리라

26 그 날에 너희가 내 이름으로 구할 것이요 내가 너희를 위하여 아버지께 구하겠다 하는 말이 아니니

27 이는 너희가 나를 사랑하고 또 내가 하나님께로부터 온 줄 믿었으므로 아버지께서 친히 너희를 사랑하심이라

28 내가 아버지에게서 나와 세상에 왔고 다시 세상을 떠나 아버지께로 가노라 하시니

29 제자들이 말하되 지금은 밝히 말씀하시고 아무 비유로도 하지 아니하시니

22 So with you: Now is your time of grief, but I will see you again and you will rejoice, and no one will take away your joy.

23 In that day you will no longer ask me anything. Very truly I tell you, my Father will give you whatever you ask in my name.

24 Until now you have not asked for anything in my name. Ask and you will receive, and your joy will be complete.

25 "Though I have been speaking figuratively, a time is coming when I will no longer use this kind of language but will tell you plainly about my Father.

26 In that day you will ask in my name. I am not saying that I will ask the Father on your behalf.

27 No, the Father himself loves you because you have loved me and have believed that I came from God.

28 I came from the Father and entered the world; now I am leaving the world and going back to the Father."

29 Then Jesus' disciples said, "Now you are speaking clearly and without figures of speech.

---

22 **take away**: 빼앗다
23 **anything** [éniθiŋ] 어느 것이든, 아무것도
   whatever [hwʌtévər] 무엇이든
24 **until now**: 지금까지, 아직까지
   complete [kəmplíːt] 완성되다, 완료하다
25 **though** [ðou] …이지만, …하나
   figuratively [fígjurətivli] 비유적으로
   language [læŋgwidʒ] 말, 언어

plainly [pléinli] 분명히, 명백히
26 **on someone's behalf**: …대신, …를 위해서
28 **enter** [éntər] 들어가다
   leave [liːv] 떠나다, 남기다
29 **disciple** [disáipl] 제자
   clearly [klíərli] 분명하게, 명확히
   without [wiðáut] …없이, …하지 않고
   figure of speech: 비유적 표현

22

23

24

25

26

27

28

29

30 우리가 지금에야 주께서 모든 것을 아시고 또 사람의 물음을 기다리시지 않는 줄 아나이다 이로써 하나님께로부터 나오심을 우리가 믿사옵나이다

31 예수께서 대답하시되 이제는 너희가 믿느냐

32 보라 너희가 다 각각 제 곳으로 흩어지고 나를 혼자 둘 때가 오나니 벌써 왔도다 그러나 내가 혼자 있는 것이 아니라 아버지께서 나와 함께 계시느니라

33 이것을 너희에게 이르는 것은 너희로 내 안에서 평안을 누리게 하려 함이라 세상에서는 너희가 환난을 당하나 담대하라 내가 세상을 이기었노라

기도하시다

17 예수께서 이 말씀을 하시고 눈을 들어 하늘을 우러러 이르시되 아버지여 때가 이르렀사오니 아들을 영화롭게 하사 아들로 아버지를 영화롭게 하옵소서

2 아버지께서 아들에게 주신 모든 사람에게 영생을 주게 하시려고 만민을 다스리는 권세를 아들에게 주셨음이로소이다

3 영생은 곧 유일하신 참 하나님과 그가 보내신 자 예수 그리스도를 아는 것이니이다

30 Now we can see that you know all things and that you do not even need to have anyone ask you questions. This makes us believe that you came from God."

31 "Do you now believe?" Jesus replied.

32 "A time is coming and in fact has come when you will be scattered, each to your own home. You will leave me all alone. Yet I am not alone, for my Father is with me.

33 "I have told you these things, so that in me you may have peace. In this world you will have trouble. But take heart! I have overcome the world."

Jesus Prays to Be Glorified

17 After Jesus said this, he looked toward heaven and prayed:

"Father, the hour has come. Glorify your Son, that your Son may glorify you.

2 For you granted him authority over all people that he might give eternal life to all those you have given him.

3 Now this is eternal life: that they know you, the only true God, and Jesus Christ, whom you have sent.

30 **question** [kwéstʃən] 질문하다, 묻다
31 **reply** [riplái] 대답하다
32 **in fact:** 사실, 실제로
　　scatter [skǽtər] 분산시키다, 흩어버리다
　　alone [əlóun] 혼자, 홀로
33 **so that:** …하도록
　　peace [piːs] 평화, 평안
　　trouble [trʌbl] 걱정하다, 괴로워하다

　　take heart: 용기를 내다, 마음을 다시 먹다
　　overcome [ouˈvərkə,m] 극복하다, 이겨내다
1 **toward** [tɔːrd] 쪽으로, 향하여
　　heaven [hévən] 하늘, 천국
　　glorify [glɔ́ːrəfài] …을 찬미하다, 영광을 더하다
2 **grant** [grænt] 부여하다, 주다
　　authority [əθɔ́ːrəti] 권한
　　eternal life: 영생

30

31

32

33

Jesus Prays to Be Glorified

17

2

3

4 아버지께서 내게 하라고 주신 일을 내가 이루어 아버지를 이 세상에서 영화롭게 하였사오니

5 아버지여 창세 전에 내가 아버지와 함께 가졌던 영화로써 지금도 아버지와 함께 나를 영화롭게 하옵소서

6 세상 중에서 내게 주신 사람들에게 내가 아버지의 이름을 나타내었나이다 그들은 아버지의 것이었는데 내게 주셨으며 그들은 아버지의 말씀을 지키었나이다

7 지금 그들은 아버지께서 내게 주신 것이 다 아버지로부터 온 것인 줄 알았나이다

8 나는 아버지께서 내게 주신 말씀들을 그들에게 주었사오며 그들은 이것을 받고 내가 아버지께로부터 나온 줄을 참으로 아오며 아버지께서 나를 보내신 줄도 믿었사옵나이다

9 내가 그들을 위하여 비옵나니 내가 비옵는 것은 세상을 위함이 아니요 내게 주신 자들을 위함이니이다 그들은 아버지의 것이로소이다

10 내 것은 다 아버지의 것이요 아버지의 것은 내 것이온데 내가 그들로 말미암아 영광을 받았나이다

11 나는 세상에 더 있지 아니하오나 그들은 세상에 있사옵고 나는 아버지께로 가옵나니 거룩하신 아버지여 내게 주신 아버

4 I have brought you glory on earth by finishing the work you gave me to do.

5 And now, Father, glorify me in your presence with the glory I had with you before the world began.

Jesus Prays for His Disciples

6 "I have revealed you to those whom you gave me out of the world. They were yours; you gave them to me and they have obeyed your word.

7 Now they know that everything you have given me comes from you.

8 For I gave them the words you gave me and they accepted them. They knew with certainty that I came from you, and they believed that you sent me.

9 I pray for them. I am not praying for the world, but for those you have given me, for they are yours.

10 All I have is yours, and all you have is mine. And glory has come to me through them.

11 I will remain in the world no longer, but they are still in the world, and I am coming to you. Holy Father, protect them by the power

4 finish [finiʃ] 마치다, 끝나다
5 glorify [glɔ́:rəfài] …을 찬미하다, 영광을 더하다
 presence [prézns] 바로 곁, 면전
 glory [glɔ́:ri] 영광
6 reveal [rivíːl] 드러내다, 보여주다
 yours [juərz] 당신의 것, 네 것
 obey [oubéi] 따르다, 복종하다
7 come from: 나오다, …에서 오다
8 accept [æksépt] 받아들이다
 certainty [sə́:rtnti] 확실, 확신
9 pray [prei] 기도하다
10 mine [main] 내 것
11 remain [riméin] 머무르다, 남다
 no longer: 더 이상 …않다
 still [stil] 여전히
 protect [prətékt] 보호하다, 지키다

4

5

Jesus Prays for His Disciples

6

7

8

9

10

11

지의 이름으로 그들을 보전하사 우리와 같이 그들도 하나가 되게 하옵소서

12 내가 그들과 함께 있을 때에 내게 주신 아버지의 이름으로 그들을 보전하고 지키었나이다 그 중의 하나도 멸망하지 않고 다만 멸망의 자식뿐이오니 이는 성경을 응하게 함이니이다

13 지금 내가 아버지께로 가오니 내가 세상에서 이 말을 하옵는 것은 그들로 내 기쁨을 그들 안에 충만히 가지게 하려 함이니이다

14 내가 아버지의 말씀을 그들에게 주었사오매 세상이 그들을 미워하였사오니 이는 내가 세상에 속하지 아니함 같이 그들도 세상에 속하지 아니함으로 인함이니이다

15 내가 비옵는 것은 그들을 세상에서 데려가시기를 위함이 아니요 다만 악에 빠지지 않게 보전하시기를 위함이니이다

16 내가 세상에 속하지 아니함 같이 그들도 세상에 속하지 아니하였사옵나이다

17 그들을 진리로 거룩하게 하옵소서 아버지의 말씀은 진리니이다

18 아버지께서 나를 세상에 보내신 것 같이 나도 그들을 세상에 보내었고

19 또 그들을 위하여 내가 나를 거룩하게 하오니 이는 그들도 진리로 거룩함을 얻게 하려 함이니이다

of your name, the name you gave me, so that they may be one as we are one.

12 While I was with them, I protected them and kept them safe by that name you gave me. None has been lost except the one doomed to destruction so that Scripture would be fulfilled.

13 "I am coming to you now, but I say these things while I am still in the world, so that they may have the full measure of my joy within them.

14 I have given them your word and the world has hated them, for they are not of the world any more than I am of the world.

15 My prayer is not that you take them out of the world but that you protect them from the evil one.

16 They are not of the world, even as I am not of it.

17 Sanctify them by the truth; your word is truth.

18 As you sent me into the world, I have sent them into the world.

19 For them I sanctify myself, that they too may be truly sanctified.

---

11 **so that:** …하도록
12 **safe** [seif] 안전한
   none [nʌn] 아무도, 단 한 사람도
   lost [lɔːst] 잃다, 분실하다
   except [iksépt] 제외하다, 외에는
   doom to: …할 운명에 처해있다
   destruction [distrʌkʃən] 파괴, 멸망
   Scripture [skrípʧər] 성경, 성서

fulfill [fulfíl] 이루다, 성취하다
13 **full measure:** 부족함이 없는 양, 가득한 양
   within [wiðín] …안에, 내부에
14 **hate** [heit] 싫어하다
15 **protect A from B:** A를 B로부터 보호하다
   evil [íːvəl] 사악한, 악
16 **even as:** (동일성을 강조) 꼭 …처럼
17 **sanctify** [sǽŋktəfài] …을 신성하게 하다

12

13

14

15

16

17

18

19

20 내가 비옵는 것은 이 사람들만 위함이 아니요 또 그들의 말로 말미암아 나를 믿는 사람들도 위함이니

21 아버지여, 아버지께서 내 안에, 내가 아버지 안에 있는 것 같이 그들도 다 하나가 되어 우리 안에 있게 하사 세상으로 아버지께서 나를 보내신 것을 믿게 하옵소서

22 내게 주신 영광을 내가 그들에게 주었사오니 이는 우리가 하나가 된 것 같이 그들도 하나가 되게 하려 함이니이다

23 곧 내가 그들 안에 있고 아버지께서 내 안에 계시어 그들로 온전함을 이루어 하나가 되게 하려 함은 아버지께서 나를 보내신 것과 또 나를 사랑하심 같이 그들도 사랑하신 것을 세상으로 알게 하려 함이로소이다

24 아버지여 내게 주신 자도 나 있는 곳에 나와 함께 있어 아버지께서 창세 전부터 나를 사랑하시므로 내게 주신 나의 영광을 그들로 보게 하시기를 원하옵나이다

25 의로우신 아버지여 세상이 아버지를 알지 못하여도 나는 아버지를 알았사옵고 그들도 아버지께서 나를 보내신 줄 알았사옵나이다

26 내가 아버지의 이름을 그들에게 알게

Jesus Prays for All Believers

20 "My prayer is not for them alone. I pray also for those who will believe in me through their message,

21 that all of them may be one, Father, just as you are in me and I am in you. May they also be in us so that the world may believe that you have sent me.

22 I have given them the glory that you gave me, that they may be one as we are one—

23 I in them and you in me—so that they may be brought to complete unity. Then the world will know that you sent me and have loved them even as you have loved me.

24 "Father, I want those you have given me to be with me where I am, and to see my glory, the glory you have given me because you loved me before the creation of the world.

25 "Righteous Father, though the world does not know you, I know you, and they know that you have sent me.

26 I have made you known to them, and will continue to make you known in order that the love you have for me may be in them and that

---

20 **prayer** [prɛər] 기도, 기원
alone [əlóun] 혼자, 홀로
believe in ···(의 존재)를 믿다
through [θru:] 통하여
message [mésidʒ] 메시지
21 **just as**: 처럼, 만큼
so that: ···하도록
22 **glory** [glɔ́:ri] 영광

23 **bring** [briŋ] (어떤 상태에) 이르게 하다
complete [kəmplí:t] 완전한, 완성된
unity [jú:nəti] 하나됨, 통합
even as: (동일성을 강조) 꼭 ···처럼
24 **creation** [kriéiʃən] 창조
25 **righteous** [ráitʃəs] 옳은, 의로운
26 **continue** [kəntínju:] 계속하다
in order that: ···하기 위해

Jesus Prays for All Believers

20

21

22

23

24

25

26

하였고 또 알게 하리니 이는 나를 사
랑하신 사랑이 그들 안에 있고 나도
그들 안에 있게 하려 함이니이다

잡히시다

18 예수께서 이 말씀을 하시고 제자들과
함께 기드론 시내 건너편으로 나가시
니 그 곳에 동산이 있는데 제자들과
함께 들어가시니라

2 그 곳은 가끔 예수께서 제자들과 모이
시는 곳이므로 예수를 파는 유다도
그 곳을 알더라

3 유다가 군대와 대제사장들과 바리새
인들에게서 얻은 아랫사람들을 데리
고 등과 횃불과 무기를 가지고 그리로
오는지라

4 예수께서 그 당할 일을 다 아시고 나
아가 이르시되 너희가 누구를 찾느
냐

5 대답하되 나사렛 예수라 하거늘 이르
시되 내가 그니라 하시니라 그를 파는
유다도 그들과 함께 섰더라

6 예수께서 그들에게 내가 그니라 하실
때에 그들이 물러가서 땅에 엎드러지
는지라

7 이에 다시 누구를 찾느냐고 물으신
대 그들이 말하되 나사렛 예수라 하
거늘

I myself may be in them."

Jesus Arrested

18 When he had finished praying, Jesus left with his disciples and crossed the Kidron Valley. On the other side there was a garden, and he and his disciples went into it.

2 Now Judas, who betrayed him, knew the place, because Jesus had often met there with his disciples.

3 So Judas came to the garden, guiding a detachment of soldiers and some officials from the chief priests and the Pharisees. They were carrying torches, lanterns and weapons.

4 Jesus, knowing all that was going to happen to him, went out and asked them, "Who is it you want?"

5 "Jesus of Nazareth," they replied.
"I am he," Jesus said. (And Judas the traitor was standing there with them.)

6 When Jesus said, "I am he," they drew back and fell to the ground.

7 Again he asked them, "Who is it you want?"
"Jesus of Nazareth," they said.

---

1 **finish** [fíniʃ] 마치다, 끝나다
   leave [líːv] 떠나다, 남기다
   disciple [disáipl] 제자
   cross [krɔːs] 건너다
   valley [vǽli] 골짜기, 계곡
2 **betray** [bitréi] 배반하다, 배신하다
   often [ɔ́ːfən] 종종
3 **guide** [gaid] 안내하다, 인도하다

   detachment [ditǽtʃmənt] (군대의) 파견
   soldier [sóuldʒər] 군인, 병사
   official [əfíʃəl] 공무원, 관료
   chief priest: 대제사장
   torch [tɔːrtʃ] 횃불
   lantern [lǽntərn] 등
   weapon [wépən] 무기, 병기
5 **traitor** [tréitər] 반역자, 배신자

Jesus Arrested

18

2

3

4

5

6

7

8 예수께서 대답하시되 너희에게 내가 그니라 하였으니 나를 찾거든 이 사람들이 가는 것은 용납하라 하시니

9 이는 아버지께서 내게 주신 자 중에서 하나도 잃지 아니하였사옵나이다 하신 말씀을 응하게 하려 함이러라

10 이에 시몬 베드로가 칼을 가졌는데 그것을 빼어 대제사장의 종을 쳐서 오른편 귀를 베어버리니 그 종의 이름은 말고라

11 예수께서 베드로더러 이르시되 칼을 칼집에 꽂으라 아버지께서 주신 잔을 내가 마시지 아니하겠느냐 하시니라

안나스에게로 끌고 가다

12 이에 군대와 천부장과 유대인의 아랫사람들이 예수를 잡아 결박하여

13 먼저 안나스에게로 끌고 가니 안나스는 그 해의 대제사장인 가야바의 장인이라

14 가야바는 유대인들에게 한 사람이 백성을 위하여 죽는 것이 유익하다고 권고하던 자러라

베드로가 제자가 아니라고 하다

15 시몬 베드로와 또 다른 제자 한 사람이 예수를 따르니 이 제자는 대제사장과 아는 사람이라 예수와 함께 대

8 Jesus answered, "I told you that I am he. If you are looking for me, then let these men go."

9 This happened so that the words he had spoken would be fulfilled: "I have not lost one of those you gave me."

10 Then Simon Peter, who had a sword, drew it and struck the high priest's servant, cutting off his right ear. (The servant's name was Malchus.)

11 Jesus commanded Peter, "Put your sword away! Shall I not drink the cup the Father has given me?"

12 Then the detachment of soldiers with its commander and the Jewish officials arrested Jesus. They bound him

13 and brought him first to Annas, who was the father-in-law of Caiaphas, the high priest that year.

14 Caiaphas was the one who had advised the Jewish leaders that it would be good if one man died for the people.

Peter's First Denial

15 Simon Peter and another disciple were following Jesus. Because this disciple was known to the high priest, he went with Jesus into the high

8 look for: 찾다
9 so that: …하도록
　fulfill [fulfíl] 이루다, 성취하다
10 sword [sɔːrd] 칼
　strike [straik] 치다, 때리다
　servant [sə́ːrvənt] 하인, 종
11 command [kəmǽnd] 명령하다
　put away: 치우다, 버리다
12 detachment [ditǽʧmənt] (군대의) 파견
　soldier [sóuldʒər] 군인, 병사
　Jewish [dʒúːiʃ] 유대인의
　official [əfíʃəl] 공무원, 관료
　arrest [ərést] 체포하다
　bind [baind] 묶다, 속박하다
13 father-in-law: 시아버지, 장인
14 advise [ædváiz] 조언하다, 충고하다

8

9

10

11

12

13

14

Peter's First Denial

15

제사장의 집 뜰에 들어가고

16 베드로는 문 밖에 서 있는지라 대제사장을 아는 그 다른 제자가 나가서 문 지키는 여자에게 말하여 베드로를 데리고 들어오니

17 문 지키는 여종이 베드로에게 말하되 너도 이 사람의 제자 중 하나가 아니냐 하니 그가 말하되 나는 아니라 하고

18 그 때가 추운 고로 종과 아랫사람들이 불을 피우고 서서 쬐니 베드로도 함께 서서 쬐더라

대제사장이 예수에게 묻다

19 대제사장이 예수에게 그의 제자들과 그의 교훈에 대하여 물으니

20 예수께서 대답하시되 내가 드러내 놓고 세상에 말하였노라 모든 유대인들이 모이는 회당과 성전에서 항상 가르쳤고 은밀하게는 아무 것도 말하지 아니하였거늘

21 어찌하여 내게 묻느냐 내가 무슨 말을 하였는지 들은 자들에게 물어 보라 그들이 내가 하던 말을 아느니라

22 이 말씀을 하시매 곁에 섰던 아랫사람 하나가 손으로 예수를 쳐 이르되 네가 대제사장에게 이같이 대답하느냐 하니

priest's courtyard,

16 but Peter had to wait outside at the door. The other disciple, who was known to the high priest, came back, spoke to the servant girl on duty there and brought Peter in.

17 "You aren't one of this man's disciples too, are you?" she asked Peter.
He replied, "I am not."

18 It was cold, and the servants and officials stood around a fire they had made to keep warm. Peter also was standing with them, warming himself.

The High Priest Questions Jesus

19 Meanwhile, the high priest questioned Jesus about his disciples and his teaching.

20 "I have spoken openly to the world," Jesus replied. "I always taught in synagogues or at the temple, where all the Jews come together. I said nothing in secret.

21 Why question me? Ask those who heard me. Surely they know what I said."

22 When Jesus said this, one of the officials nearby slapped him in the face. "Is this the way you answer the high priest?" he demanded.

---

15 **courtyard** [kɔ́ːrtjɑ̀ːrd] 마당, 안뜰
16 **outside** [áutsáid] 바깥쪽, 밖의
　on duty: 직무 중의, 근무 중의
17 **reply** [riplái] 대답하다
18 **official** [əfíʃəl] 공무원, 관료
　warm [wɔːrm] 데우다, 따뜻하게 하다
19 **meanwhile** [míːnwàil] …동안
　question [kwéstʃən] 질문하다, 묻다

20 **openly** [óupənli] 숨김없이, 공개적으로
　synagogue [sínəgɑ̀g] 유대교의 예배당
　temple [témpl] (the) 성전
　in secret: 비밀히, 남몰래
21 **surely** [ʃúərli] 확실히, 틀림없이
22 **nearby** [nìərbái] 근처에, 주변에
　slap [slæp] 때리다, 손바닥으로 치다
　demand [dimaénd] 요구하다

16

17

18

The High Priest Questions Jesus

19

20

21

22

23 예수께서 대답하시되 내가 말을 잘 못하였으면 그 잘못한 것을 증언하라 바른 말을 하였으면 네가 어찌하여 나를 치느냐 하시더라

24 안나스가 예수를 결박한 그대로 대제사장 가야바에게 보내니라

베드로가 다시 제자가 아니라고 하다

25 시몬 베드로가 서서 불을 쬐더니 사람들이 묻되 너도 그 제자 중 하나가 아니냐 베드로가 부인하여 이르되 나는 아니라 하니

26 대제사장의 종 하나는 베드로에게 귀를 잘린 사람의 친척이라 이르되 네가 그 사람과 함께 동산에 있는 것을 내가 보지 아니하였느냐

27 이에 베드로가 또 부인하니 곧 닭이 울더라

빌라도 앞에 서시다

28 그들이 예수를 가야바에게서 관정으로 끌고 가니 새벽이라 그들은 더럽힘을 받지 아니하고 유월절 잔치를 먹고자 하여 관정에 들어가지 아니하더라

29 그러므로 빌라도가 밖으로 나가서 그들에게 말하되 너희가 무슨 일로 이 사람을 고발하느냐

23 "If I said something wrong," Jesus replied, "testify as to what is wrong. But if I spoke the truth, why did you strike me?"

24 Then Annas sent him bound to Caiaphas the high priest.

Peter's Second and Third Denials

25 Meanwhile, Simon Peter was still standing there warming himself. So they asked him, "You aren't one of his disciples too, are you?"
He denied it, saying, "I am not."

26 One of the high priest's servants, a relative of the man whose ear Peter had cut off, challenged him, "Didn't I see you with him in the garden?"

27 Again Peter denied it, and at that moment a rooster began to crow.

Jesus Before Pilate

28 Then the Jewish leaders took Jesus from Caiaphas to the palace of the Roman governor. By now it was early morning, and to avoid ceremonial uncleanness they did not enter the palace, because they wanted to be able to eat the Passover.

29 So Pilate came out to them and asked, "What charges are you bringing against this man?"

---

23 **testify** [téstəfài] 증언하다, 증명하다
strike [straik] 치다, 때리다
24 **bind** [baind] 묶다, 속박하다
25 **meanwhile** [míːnwàil] …동안
deny [dinái] 부인하다
26 **relative** [rélətiv] 친척, 인척
challenge [tʃǽlindʒ] 도전하다, 이의를 제기하다
27 **at that moment:** 그 순간, 그때에

rooster [rúːstər] 수탉
28 **governor** [gʌ́vərnər] 총독, 조직의 우두머리
avoid [əvɔ́id] 피하다, 가까이하지 않다
ceremonial [sèrəmóuniəl] 의식, 예식
uncleanness: 더러움, 부정함
palace [pǽlis] 관저, 공관, 궁전
29 **charge** [tʃaːrdʒ] 고발하다
bring against: …을 상대로 소송하다

23

24

Peter's Second and Third Denials

25

26

27

Jesus Before Pilate

28

29

30 대답하여 이르되 이 사람이 행악자가 아니었더라면 우리가 당신에게 넘기지 아니하였겠나이다

31 빌라도가 이르되 너희가 그를 데려다가 너희 법대로 재판하라 유대인들이 이르되 우리에게는 사람을 죽이는 권한이 없나이다 하니

32 이는 예수께서 자기가 어떠한 죽음으로 죽을 것을 가리켜 하신 말씀을 응하게 하려 함이러라

33 이에 빌라도가 다시 관정에 들어가 예수를 불러 이르되 네가 유대인의 왕이냐

34 예수께서 대답하시되 이는 네가 스스로 하는 말이냐 다른 사람들이 나에 대하여 네게 한 말이냐

35 빌라도가 대답하되 내가 유대인이냐 네 나라 사람과 대제사장들이 너를 내게 넘겼으니 네가 무엇을 하였느냐

36 예수께서 대답하시되 내 나라는 이 세상에 속한 것이 아니니라 만일 내 나라가 이 세상에 속한 것이었더라면 내 종들이 싸워 나로 유대인들에게 넘겨지지 않게 하였으리라 이제 내 나라는 여기에 속한 것이 아니니라

37 빌라도가 이르되 그러면 네가 왕이 아니냐 예수께서 대답하시되 네 말과 같이 내가 왕이니라 내가 이를 위하여 태어났으

30 "If he were not a criminal," they replied, "we would not have handed him over to you."

31 Pilate said, "Take him yourselves and judge him by your own law."
"But we have no right to execute anyone," they objected.

32 This took place to fulfill what Jesus had said about the kind of death he was going to die.

33 Pilate then went back inside the palace, summoned Jesus and asked him, "Are you the king of the Jews?"

34 "Is that your own idea," Jesus asked, "or did others talk to you about me?"

35 "Am I a Jew?" Pilate replied. "Your own people and chief priests handed you over to me. What is it you have done?"

36 Jesus said, "My kingdom is not of this world. If it were, my servants would fight to prevent my arrest by the Jewish leaders. But now my kingdom is from another place."

37 "You are a king, then!" said Pilate.
Jesus answered, "You say that I am a king. In fact, the reason I was born and came into the world is to testify to the truth. Everyone on

---

30 **criminal** [ˈkrɪmɪnl] 범죄의
hand over: 넘겨주다, 인계하다
31 **yourself** [juərsélf] 너 자신, 당신 스스로
judge [dʒʌdʒ] 판단하다, 심판하다
own [oun] 자기의 것
law [lɔː] 법, 법률
execute [éksikjùːt] 처형하다, 집행하다
anyone [éniwʌn] 누구든지, 모든 사람

　　object [əbdʒékt] 이의를 주장하다
32 **fulfill** [fulfíl] 이루다, 성취하다
33 **summon** [sʌmən] 소환하다, 불러내다
35 **chief priest:** 대제사장
36 **kingdom** [kíŋdəm] 왕국
prevent [privént] 막다, 못하게 하다
arrest [ərést] 체포하다
37 **in fact:** 사실, 실제로

30

31

32

33

34

35

36

37

며 이를 위하여 세상에 왔나니 곧 진리에 대하여 증언하려 함이로라 무릇 진리에 속한 자는 내 음성을 듣느니라 하신대

38 빌라도가 이르되 진리가 무엇이냐 하더라

십자가에 못 박도록 예수를 넘겨 주다

이 말을 하고 다시 유대인들에게 나가서 이르되 나는 그에게서 아무 죄도 찾지 못하였노라

39 유월절이면 내가 너희에게 한 사람을 놓아 주는 전례가 있으니 그러면 너희는 내가 유대인의 왕을 너희에게 놓아 주기를 원하느냐 하니

40 그들이 또 소리 질러 이르되 이 사람이 아니라 바라바라 하니 바라바는 강도였더라

19 이에 빌라도가 예수를 데려다가 채찍질하더라

2 군인들이 가시나무로 관을 엮어 그의 머리에 씌우고 자색 옷을 입히고

3 앞에 가서 이르되 유대인의 왕이여 평안할지어다 하며 손으로 때리더라

4 빌라도가 다시 밖에 나가 말하되 보라 이 사람을 데리고 너희에게 나오나니 이는 내가 그에게서 아무 죄도 찾지 못한 것을 너희로 알게 하려 함이로라 하더라

the side of truth listens to me."

38 "What is truth?" retorted Pilate. With this he went out again to the Jews gathered there and said, "I find no basis for a charge against him.

39 But it is your custom for me to release to you one prisoner at the time of the Passover. Do you want me to release 'the king of the Jews'?"

40 They shouted back, "No, not him! Give us Barabbas!" Now Barabbas had taken part in an uprising.

Jesus Sentenced to Be Crucified

19 Then Pilate took Jesus and had him flogged.

2 The soldiers twisted together a crown of thorns and put it on his head. They clothed him in a purple robe

3 and went up to him again and again, saying, "Hail, king of the Jews!" And they slapped him in the face.

4 Once more Pilate came out and said to the Jews gathered there, "Look, I am bringing him out to you to let you know that I find no basis for a charge against him."

---

38 **retort** [ritɔ́:rt] 되받아치다, 응수하다
gather [gǽðər] 모이다, 모여들다
basis [béisis] 기초, 근거
charge [ʧɑ:rdʒ] 고발하다
39 **custom** [kʌ́stəm] 관습, 풍습
release [rilí:s] 해방하다, 석방하다
prisoner [prízənər] 죄수, 수감자
40 **take part in:** 가담하다, 참가하다

uprising [ʌpràiziŋ] 반란, 폭동
1 **flog** [flag] 매질하다, 채찍질하다
2 **twist** [twist] 꼬다
thorn [θɔ:rn] 가시
robe [roub] 로브, 길고 넉넉한 예복
3 **hail** [heil] (군주에 대한 칭송) 만세
slap [slæp] 때리다, 손바닥으로 치다
4 **against** [əgénst] …에 반대하여, 대항하여

38

39

40

Jesus Sentenced to Be Crucified

19

2

3

4

5	이에 예수께서 가시관을 쓰고 자색 옷을 입고 나오시니 빌라도가 그들에게 말하되 보라 이 사람이로다 하매
6	대제사장들과 아랫사람들이 예수를 보고 소리 질러 이르되 십자가에 못 박으소서 십자가에 못 박으소서 하는지라 빌라도가 이르되 너희가 친히 데려다가 십자가에 못 박으라 나는 그에게서 죄를 찾지 못하였노라
7	유대인들이 대답하되 우리에게 법이 있으니 그 법대로 하면 그가 당연히 죽을 것은 그가 자기를 하나님의 아들이라 함이니이다
8	빌라도가 이 말을 듣고 더욱 두려워하여
9	다시 관정에 들어가서 예수께 말하되 너는 어디로부터냐 하되 예수께서 대답하여 주지 아니하시는지라
10	빌라도가 이르되 내게 말하지 아니하느냐 내가 너를 놓을 권한도 있고 십자가에 못 박을 권한도 있는 줄 알지 못하느냐
11	예수께서 대답하시되 위에서 주지 아니하셨더라면 나를 해할 권한이 없었으리니 그러므로 나를 네게 넘겨 준 자의 죄는 더 크다 하시니라
12	이러하므로 빌라도가 예수를 놓으려고 힘썼으나 유대인들이 소리 질러 이르

5 When Jesus came out wearing the crown of thorns and the purple robe, Pilate said to them, "Here is the man!"

6 As soon as the chief priests and their officials saw him, they shouted, "Crucify! Crucify!" But Pilate answered, "You take him and crucify him. As for me, I find no basis for a charge against him."

7 The Jewish leaders insisted, "We have a law, and according to that law he must die, because he claimed to be the Son of God."

8 When Pilate heard this, he was even more afraid,

9 and he went back inside the palace. "Where do you come from?" he asked Jesus, but Jesus gave him no answer.

10 "Do you refuse to speak to me?" Pilate said. "Don't you realize I have power either to free you or to crucify you?"

11 Jesus answered, "You would have no power over me if it were not given to you from above. Therefore the one who handed me over to you is guilty of a greater sin."

12 From then on, Pilate tried to set Jesus free, but

---

6 **as soon as:** …하자마자
  chief priest: 대제사장
  crucify [krúːsəfài] 십자가에 못박다

7 **insist** [insíst] 주장하다
  according to: 따르면, 의하면
  claim [kleim] 주장하다

8 **even more:** 더욱 더
  afraid [əfréid] 두려워하다

9 **palace** [pǽlis] 관저, 공관, 궁전

10 **either** [íːðər] 둘 중 어느 하나

11 **from above:** 위로부터
  therefore [ðέərfɔ̀ːr] 그러므로, 그래서
  hand over: 넘겨주다, 인계하다
  guilty [gílti] 유죄의, 죄를 범한

12 **from then on:** 그때부터 계속
  set free: 자유롭게 하다

5

6

7

8

9

10

11

12

되 이 사람을 놓으면 가이사의 충신이 아니니이다 무릇 자기를 왕이라 하는 자는 가이사를 반역하는 것이니이다

13 빌라도가 이 말을 듣고 예수를 끌고 나가서 돌을 간 뜰(히브리 말로 가바다)에 있는 재판석에 앉아 있더라

14 이 날은 유월절의 준비일이요 때는 제육시라 빌라도가 유대인들에게 이르되 보라 너희 왕이로다

15 그들이 소리 지르되 없이 하소서 없이 하소서 그를 십자가에 못 박게 하소서 빌라도가 이르되 내가 너희 왕을 십자가에 못 박으랴 대제사장들이 대답하되 가이사 외에는 우리에게 왕이 없나이다 하니

16 이에 예수를 십자가에 못 박도록 그들에게 넘겨 주니라

십자가에 못 박히시다

17 그들이 예수를 맡으매 예수께서 자기의 십자가를 지시고 해골(히브리 말로 골고다)이라 하는 곳에 나가시니

18 그들이 거기서 예수를 십자가에 못 박을새 다른 두 사람도 그와 함께 좌우편에 못 박으니 예수는 가운데 있더라

the Jewish leaders kept shouting, "If you let this man go, you are no friend of Caesar. Anyone who claims to be a king opposes Caesar."

13 When Pilate heard this, he brought Jesus out and sat down on the judge's seat at a place known as the Stone Pavement (which in Aramaic is Gabbatha).

14 It was the day of Preparation of the Passover; it was about noon.

"Here is your king," Pilate said to the Jews.

15 But they shouted, "Take him away! Take him away! Crucify him!"

"Shall I crucify your king?" Pilate asked.

"We have no king but Caesar," the chief priests answered.

16 Finally Pilate handed him over to them to be crucified.

The Crucifixion of Jesus

So the soldiers took charge of Jesus.

17 Carrying his own cross, he went out to the place of the Skull (which in Aramaic is called Golgotha).

18 There they crucified him, and with him two others—one on each side and Jesus in the middle.

---

12 **claim** [kleim] 주장하다
oppose [əpóuz] 반대하다, 대항하다
Caesar [síːzər] 가이사, 로마 황제의 칭호
13 **Pilate** [páilət] 빌라도
bring out …을 끌고 나오다
judge's seat: 판사석, 재판석
pavement [péivmənt] 포장 도로, 포장된 면
Aramaic [ærəméiik] 아람어, 아람어의

14 **preparation** [prèpəréiʃən] 준비, 대비
Passover [pǽsouˌvər] 유월절
noon [nuːn] 정오
15 **take away**: 제거하다
16 **finally** [fáinəli] 결국
17 **skull** [skʌl] 해골, 머리뼈
18 **on each side**: 양 쪽에, 쌍방 측에
in the middle: 중앙에, 한 가운데에

13

14

15

16

The Crucifixion of Jesus

17

18

19 빌라도가 패를 써서 십자가 위에 붙이니 나사렛 예수 유대인의 왕이라 기록되었더라

20 예수께서 못 박히신 곳이 성에서 가까운 고로 많은 유대인이 이 패를 읽는데 히브리와 로마와 헬라말로 기록되었더라

21 유대인의 대제사장들이 빌라도에게 이르되 유대인의 왕이라 쓰지 말고 자칭 유대인의 왕이라 쓰라 하니

22 빌라도가 대답하되 내가 쓸 것을 썼다 하니라

23 군인들이 예수를 십자가에 못 박고 그의 옷을 취하여 네 깃에 나눠 각각 한 깃씩 얻고 속옷도 취하니 이 속옷은 호지 아니하고 위에서부터 통으로 짠 것이라

24 군인들이 서로 말하되 이것을 찢지 말고 누가 얻나 제비 뽑자 하니 이는 성경에 그들이 내 옷을 나누고 내 옷을 제비 뽑나이다 한 것을 응하게 하려 함이러라 군인들은 이런 일을 하고

25 예수의 십자가 곁에는 그 어머니와 이모와 글로바의 아내 마리아와 막달라 마리아가 섰는지라

19 Pilate had a notice prepared and fastened to the cross. It read: JESUS OF NAZARETH, THE KING OF THE JEWS.

20 Many of the Jews read this sign, for the place where Jesus was crucified was near the city, and the sign was written in Aramaic, Latin and Greek.

21 The chief priests of the Jews protested to Pilate, "Do not write 'The King of the Jews,' but that this man claimed to be king of the Jews."

22 Pilate answered, "What I have written, I have written."

23 When the soldiers crucified Jesus, they took his clothes, dividing them into four shares, one for each of them, with the undergarment remaining. This garment was seamless, woven in one piece from top to bottom.

24 "Let's not tear it," they said to one another. "Let's decide by lot who will get it."
This happened that the scripture might be fulfilled that said,
"They divided my clothes among them
and cast lots for my garment."
So this is what the soldiers did.

25 Near the cross of Jesus stood his mother, his

---

19 **notice** [nóutis] 공지, 게시
prepare [pripέər] 준비하다, 마련하다
fasten [faésn] 매다, 단단히 고정시키다
21 **protest** [próutest] 이의를 제기하다, 항의하다
23 **divide into:** …으로 나누다
undergarment [ə́ndərgaˌrmənt] 속옷, 내복
garment [gáːrmənt] 의류, 옷
seamless [síːmlis] 이음매 없는, 틈새없는

weave [wiːv] 짜다, 엮다
bottom [bátəm] 아래, 밑
24 **tear** [tiər] 찢다
decide by lot: 제비를 뽑아 결정하다
happen [haépən] 일어나다, 발생하다
scripture [skrípʧər] 성경, 성서
fulfill [fulfíl] 이루다, 성취하다
cast lots: 제비뽑기를 하다

19

20

21

22

23

24

25

26 예수께서 자기의 어머니와 사랑하시는 제자가 곁에 서 있는 것을 보시고 자기 어머니께 말씀하시되 여자여 보소서 아들이니이다 하시고

27 또 그 제자에게 이르시되 보라 네 어머니라 하신대 그 때부터 그 제자가 자기 집에 모시니라

영혼이 떠나가시다

28 그 후에 예수께서 모든 일이 이미 이루어진 줄 아시고 성경을 응하게 하려 하사 이르시되 내가 목마르다 하시니

29 거기 신 포도주가 가득히 담긴 그릇이 있는지라 사람들이 신 포도주를 적신 해면을 우슬초에 매어 예수의 입에 대니

30 예수께서 신 포도주를 받으신 후에 이르시되 다 이루었다 하시고 머리를 숙이니 영혼이 떠나가시니라

창으로 옆구리를 찌르다

31 이 날은 준비일이라 유대인들은 그 안식일이 큰 날이므로 그 안식일에 시체들을 십자가에 두지 아니하려 하여 빌라도에게 그들의 다리를 꺾어 시체를 치워 달라 하니

32 군인들이 가서 예수와 함께 못 박힌 첫째 사람과 또 그 다른 사람의 다리

mother's sister, Mary the wife of Clopas, and Mary Magdalene.

26 When Jesus saw his mother there, and the disciple whom he loved standing nearby, he said to her, "Woman, here is your son,"

27 and to the disciple, "Here is your mother." From that time on, this disciple took her into his home.

The Death of Jesus

28 Later, knowing that everything had now been finished, and so that Scripture would be fulfilled, Jesus said, "I am thirsty."

29 A jar of wine vinegar was there, so they soaked a sponge in it, put the sponge on a stalk of the hyssop plant, and lifted it to Jesus' lips.

30 When he had received the drink, Jesus said, "It is finished." With that, he bowed his head and gave up his spirit.

31 Now it was the day of Preparation, and the next day was to be a special Sabbath. Because the Jewish leaders did not want the bodies left on the crosses during the Sabbath, they asked Pilate to have the legs broken and the bodies taken down.

32 The soldiers therefore came and broke the legs

---

25 **wife** [waif] 아내, 부인
26 **nearby** [nìərbái] 근처에, 주변에
27 **from that time on:** 그뒤, 그때부터
28 **thirsty** [θɔ́ːrsti] 목마른, 갈증난
29 **jar** [dʒɑːr] 항아리, 단지
　wine vinegar: 와인 식초
　soak [souk] 젖다, 흡수하다
　stalk [stɔːk] 줄기, 대, 자루

　hyssop [hísəp] 우슬초, 히솝풀
31 **preparation** [prèpəréiʃən] 준비, 대비
　Sabbath [saébəθ] 안식일
　Jewish [dʒúːiʃ] 유대인의
　body [bádi] 시체, 시신
　during [djúəriŋ] …동안
　break [breik] 부수다, 부러지다
32 **therefore** [ðéərfɔːr] 그러므로, 그래서

26

27

The Death of Jesus

28

29

30

31

32

를 껚고

33 예수께 이르러서는 이미 죽으신 것을 보고 다리를 꺾지 아니하고

34 그 중 한 군인이 창으로 옆구리를 찌르니 곧 피와 물이 나오더라

35 이를 본 자가 증언하였으니 그 증언이 참이라 그가 자기의 말하는 것이 참인 줄 알고 너희로 믿게 하려 함이니라

36 이 일이 일어난 것은 그 뼈가 하나도 꺾이지 아니하리라 한 성경을 응하게 하려 함이라

37 또 다른 성경에 그들이 그 찌른 자를 보리라 하였느니라

새 무덤에 예수를 두다

38 아리마대 사람 요셉은 예수의 제자이나 유대인이 두려워 그것을 숨기더니 이 일 후에 빌라도에게 예수의 시체를 가져가기를 구하매 빌라도가 허락하는지라 이에 가서 예수의 시체를 가져가니라

39 일찍이 예수께 밤에 찾아왔던 니고데모도 몰약과 침향 섞은 것을 백 리트라쯤 가지고 온지라

40 이에 예수의 시체를 가져다가 유대인의 장례 법대로 그 향품과 함

of the first man who had been crucified with Jesus, and then those of the other.

33 But when they came to Jesus and found that he was already dead, they did not break his legs.

34 Instead, one of the soldiers pierced Jesus' side with a spear, bringing a sudden flow of blood and water.

35 The man who saw it has given testimony, and his testimony is true. He knows that he tells the truth, and he testifies so that you also may believe.

36 These things happened so that the scripture would be fulfilled: "Not one of his bones will be broken,"

37 and, as another scripture says, "They will look on the one they have pierced."

The Burial of Jesus

38 Later, Joseph of Arimathea asked Pilate for the body of Jesus. Now Joseph was a disciple of Jesus, but secretly because he feared the Jewish leaders. With Pilate's permission, he came and took the body away.

39 He was accompanied by Nicodemus, the man who earlier had visited Jesus at night. Nicodemus brought a mixture of myrrh and aloes, about seventy-five pounds.

40 Taking Jesus' body, the two of them wrapped

---

33 **already** [ɔːlrédi] 이미
34 **instead** [instéd] 대신에
 pierce [piərs] 뚫다, 꿰뚫다
 spear [spiər] 창
 sudden [sʌdn] 갑작스러운, 돌연한
 flow [flou] 흐르다, 흘러나오다
35 **testimony** [téstəmòuni] 증언
36 **scripture** [skríptʃər] 성구

 fulfill [fulfíl] 이루다, 성취하다
38 **secretly** [síːkrətli] 비밀히, 남몰래
 permission [pərmíʃən] 허가, 허락
39 **accompany** [əkʌmpəni] 동행하다
 earlier [ɔ́ːrliər] 이전에, 일찍이
 mixture [míkstʃər] 혼합, 배합
 myrrh [məːr] 몰약, 향료
40 **wrap** [ræp] 싸다, 감싸다

33

34

35

36

37

The Burial of Jesus

38

39

40

께 세마포로 쌌더라

41 예수께서 십자가에 못 박히신 곳에 동산이 있고 동산 안에 아직 사람을 장사한 일이 없는 새 무덤이 있는지라

42 이 날은 유대인의 준비일이요 또 무덤이 가까운 고로 예수를 거기 두니라

살아나시다

20 안식 후 첫날 일찍이 아직 어두울 때에 막달라 마리아가 무덤에 와서 돌이 무덤에서 옮겨진 것을 보고

2 시몬 베드로와 예수께서 사랑하시던 그 다른 제자에게 달려가서 말하되 사람들이 주님을 무덤에서 가져다가 어디 두었는지 우리가 알지 못하겠다 하니

3 베드로와 그 다른 제자가 나가서 무덤으로 갈새

4 둘이 같이 달음질하더니 그 다른 제자가 베드로보다 더 빨리 달려가서 먼저 무덤에 이르러

5 구부려 세마포 놓인 것을 보았으나 들어가지는 아니하였더니

6 시몬 베드로는 따라와서 무덤에 들어가 보니 세마포가 놓였고

it, with the spices, in strips of linen. This was in accordance with Jewish burial customs.

41 At the place where Jesus was crucified, there was a garden, and in the garden a new tomb, in which no one had ever been laid.

42 Because it was the Jewish day of Preparation and since the tomb was nearby, they laid Jesus there.

The Empty Tomb

20 Early on the first day of the week, while it was still dark, Mary Magdalene went to the tomb and saw that the stone had been removed from the entrance.

2 So she came running to Simon Peter and the other disciple, the one Jesus loved, and said, "They have taken the Lord out of the tomb, and we don't know where they have put him!"

3 So Peter and the other disciple started for the tomb.

4 Both were running, but the other disciple outran Peter and reached the tomb first.

5 He bent over and looked in at the strips of linen lying there but did not go in.

6 Then Simon Peter came along behind him and went straight into the tomb. He saw the strips of

40 **spice** [spais] 향료
strip [strip] 띠, 길쭉한 조각
linen [línən] 리넨, 아마포
accordance [əkɔ́ːrdns] …에 따라
burial [bériəl] 장례
custom [kʌ́stəm] 풍습, 관습
41 **crucify** [krúːsəfài] 십자가에 못박다
tomb [tuːm] 무덤

1 **still** [stil] 여전히, 아직
remove [rimúːv] 이동시키다, 제거하다
entrance [éntrəns] 입구
3 **start for:** …을 향해 출발하다
4 **outrun** [autrəˈn] …보다 빨리 달리다
reach [riːtʃ] 도착하다, 닿다
5 **bend over:** 허리를 굽히다
6 **behind** [biháind] 뒤에, 뒤쪽에

41

42

The Empty Tomb

20

2

3

4

5

6

7 또 머리를 쌌던 수건은 세마포와 함께 놓이지 않고 딴 곳에 쌌던 대로 놓여 있더라

8 그 때에야 무덤에 먼저 갔던 그 다른 제자도 들어가 보고 믿더라

9 (그들은 성경에 그가 죽은 자 가운데서 다시 살아나야 하리라 하신 말씀을 아직 알지 못하더라)

10 이에 두 제자가 자기들의 집으로 돌아가니라

막달라 마리아에게 나타나시다

11 마리아는 무덤 밖에 서서 울고 있더니 울면서 구부려 무덤 안을 들여다보니

12 흰 옷 입은 두 천사가 예수의 시체 뉘었던 곳에 하나는 머리 편에, 하나는 발 편에 앉았더라

13 천사들이 이르되 여자여 어찌하여 우느냐 이르되 사람들이 내 주님을 옮겨다가 어디 두었는지 내가 알지 못함이니이다

14 이 말을 하고 뒤로 돌이켜 예수께서 서 계신 것을 보았으나 예수이신 줄은 알지 못하더라

15 예수께서 이르시되 여자여 어찌하여 울며 누구를 찾느냐 하시니 마리아는 그가 동산지기인 줄 알고

linen lying there,

7 as well as the cloth that had been wrapped around Jesus' head. The cloth was still lying in its place, separate from the linen.

8 Finally the other disciple, who had reached the tomb first, also went inside. He saw and believed.

9 (They still did not understand from Scripture that Jesus had to rise from the dead.)

10 Then the disciples went back to where they were staying.

Jesus Appears to Mary Magdalene

11 Now Mary stood outside the tomb crying. As she wept, she bent over to look into the tomb

12 and saw two angels in white, seated where Jesus' body had been, one at the head and the other at the foot.

13 They asked her, "Woman, why are you crying?" "They have taken my Lord away," she said, "and I don't know where they have put him."

14 At this, she turned around and saw Jesus standing there, but she did not realize that it was Jesus.

15 He asked her, "Woman, why are you crying? Who is it you are looking for?" Thinking he was the gardener, she said, "Sir, if

---

7 **as well as:** …뿐만 아니라
wrap [ræp] 싸다, 감싸다
separate [sépərèit] 떼어놓다, 분리하다
8 **inside** [ˌínˈsaid] 내부, 안쪽
9 **Scripture** [skríptʃər] 성경, 성서
rise from: …에서 다시 살아나다
11 **outside** [áutsáid] 바깥쪽, 밖의
weep [wiːp] 울다, 눈물을 흘리다

bend over: 허리를 굽히다
12 **body** [bádi] 시체, 시신
the other: 둘 중의 다른 하나
14 **at this:** 이에, 이를 보고, 이를 듣고
turn around: 돌아보다
realize [ríːəlàiz] 깨닫다, 알다
15 **look for:** 찾다
gardener [gáːrdnər] 정원사

7

8

9

10

Jesus Appears to Mary Magdalene

11

12

13

14

15

이르되 주여 당신이 옮겼거든 어디 두었는지 내게 이르소서 그리하면 내가 가져가리이다

16 예수께서 마리아야 하시거늘 마리아가 돌이켜 히브리 말로 랍오니 하니 (이는 선생님이라는 말이라)

17 예수께서 이르시되 나를 붙들지 말라 내가 아직 아버지께로 올라가지 아니하였노라 너는 내 형제들에게 가서 이르되 내가 내 아버지 곧 너희 아버지, 내 하나님 곧 너희 하나님께로 올라간다 하라 하시니

18 막달라 마리아가 가서 제자들에게 내가 주를 보았다 하고 또 주께서 자기에게 이렇게 말씀하셨다 이르니라

제자들에게 나타나시다

19 이 날 곧 안식 후 첫날 저녁 때에 제자들이 유대인들을 두려워하여 모인 곳의 문들을 닫았더니 예수께서 오사 가운데 서서 이르시되 너희에게 평강이 있을지어다

20 이 말씀을 하시고 손과 옆구리를 보이시니 제자들이 주를 보고 기뻐하더라

21 예수께서 또 이르시되 너희에게 평강이 있을지어다 아버지께서 나를 보내신 것 같이 나도 너희를 보내노라

you have carried him away, tell me where you have put him, and I will get him."

16 Jesus said to her, "Mary."

She turned toward him and cried out in Aramaic, "Rabboni!" (which means "Teacher").

17 Jesus said, "Do not hold on to me, for I have not yet ascended to the Father. Go instead to my brothers and tell them, 'I am ascending to my Father and your Father, to my God and your God.'"

18 Mary Magdalene went to the disciples with the news: "I have seen the Lord!" And she told them that he had said these things to her.

Jesus Appears to His Disciples

19 On the evening of that first day of the week, when the disciples were together, with the doors locked for fear of the Jewish leaders, Jesus came and stood among them and said, "Peace be with you!"

20 After he said this, he showed them his hands and side. The disciples were overjoyed when they saw the Lord.

21 Again Jesus said, "Peace be with you! As the Father has sent me, I am sending you."

---

15 **put** [put] 넣다, 두다
carry … away: …을 가져가 버리다
16 **toward** [tɔːrd] 쪽으로, 향하여
cry out: 크게 외치다
Aramaic [ærəméiik] 아람어, 아람어의
17 **not yet:** 아직 … 않다
ascend [əsénd] 오르다, 올라가다
instead [instéd] 대신에

18 **disciple** [disáipl] 제자
19 **evening** [íːvniŋ] 저녁, 저녁때
for fear of: …을 피하려고
among [əmʌŋ] 사이에
peace [piːs] 평화, 평온
20 **side** [said] 옆구리, 허구리
overjoy [òuvərdʒɔ́i] …을 매우 기쁘게 하다
21 **send** [send] 보내다, 전하다

16

17

18

Jesus Appears to His Disciples

19

20

21

22 이 말씀을 하시고 그들을 향하사 숨을 내쉬며 이르시되 성령을 받으라

23 너희가 누구의 죄든지 사하면 사하여질 것이요 누구의 죄든지 그대로 두면 그대로 있으리라 하시니라

도마가 의심하다

24 열두 제자 중의 하나로서 디두모라 불리는 도마는 예수께서 오셨을 때에 함께 있지 아니한지라

25 다른 제자들이 그에게 이르되 우리가 주를 보았노라 하니 도마가 이르되 내가 그의 손의 못 자국을 보며 내 손가락을 그 못 자국에 넣으며 내 손을 그 옆구리에 넣어 보지 않고는 믿지 아니하겠노라 하니라

26 여드레를 지나서 제자들이 다시 집 안에 있을 때에 도마도 함께 있고 문들이 닫혔는데 예수께서 오사 가운데 서서 이르시되 너희에게 평강이 있을지어다 하시고

27 도마에게 이르시되 네 손가락을 이리 내밀어 내 손을 보고 네 손을 내밀어 내 옆구리에 넣어 보라 그리하여 믿음 없는 자가 되지 말고 믿는 자가 되라

28 도마가 대답하여 이르되 나의 주님이시요 나의 하나님이시니이다

22 And with that he breathed on them and said, "Receive the Holy Spirit.

23 If you forgive anyone's sins, their sins are forgiven; if you do not forgive them, they are not forgiven."

Jesus Appears to Thomas

24 Now Thomas (also known as Didymus), one of the Twelve, was not with the disciples when Jesus came.

25 So the other disciples told him, "We have seen the Lord!"

But he said to them, "Unless I see the nail marks in his hands and put my finger where the nails were, and put my hand into his side, I will not believe."

26 A week later his disciples were in the house again, and Thomas was with them. Though the doors were locked, Jesus came and stood among them and said, "Peace be with you!"

27 Then he said to Thomas, "Put your finger here; see my hands. Reach out your hand and put it into my side. Stop doubting and believe."

28 Thomas said to him, "My Lord and my God!"

---

22 **breath** [breθ] 숨, 호흡
　　receive [risíːv] 받다, 얻다
　　Holy Spirit: 성령
23 **forgive** [fərgív] 용서하다, 양해하다
24 **known as:** …로 알려진
25 **unless** [ənlés] …하지 않으면
　　nail [neil] 못
　　mark [maːrk] 자국

　　finger [fíŋgər] 손가락
　　side [said] 옆구리, 허구리
26 **though** [ðou] …이지만, …하나
　　lock [lak] 잠그다, 닫다
　　among [əmʌŋ] 사이에
　　peace [piːs] 평화, 평온
27 **reach out:** 손을 뻗다, 접근하다
　　doubt [daut] 의심하다, 믿지 않다

22

23

Jesus Appears to Thomas

24

25

26

27

28

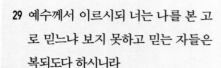
29 예수께서 이르시되 너는 나를 본 고로 믿느냐 보지 못하고 믿는 자들은 복되도다 하시니라

이 책을 기록한 목적

30 예수께서 제자들 앞에서 이 책에 기록되지 아니한 다른 표적도 많이 행하셨으나

31 오직 이것을 기록함은 너희로 예수께서 하나님의 아들 그리스도이심을 믿게 하려 함이요 또 너희로 믿고 그 이름을 힘입어 생명을 얻게 하려 함이니라

일곱 제자에게 나타나시다

21 그 후에 예수께서 디베랴 호수에서 또 제자들에게 자기를 나타내셨으니 나타내신 일은 이러하니라

2 시몬 베드로와 디두모라 하는 도마와 갈릴리 가나 사람 나다나엘과 세베대의 아들들과 또 다른 제자 둘이 함께 있더니

3 시몬 베드로가 나는 물고기 잡으러 가노라 하니 그들이 우리도 함께 가겠다 하고 나가서 배에 올랐으나 그날 밤에 아무 것도 잡지 못하였더니

4 날이 새어갈 때에 예수께서 바닷가에 서셨으나 제자들이 예수이신 줄 알지 못하는지라

5 예수께서 이르시되 얘들아 너희에

29 Then Jesus told him, "Because you have seen me, you have believed; blessed are those who have not seen and yet have believed."

The Purpose of John's Gospel

30 Jesus performed many other signs in the presence of his disciples, which are not recorded in this book.

31 But these are written that you may believe that Jesus is the Messiah, the Son of God, and that by believing you may have life in his name.

Jesus and the Miraculous Catch of Fish

21 Afterward Jesus appeared again to his disciples, by the Sea of Galilee. It happened this way:

2 Simon Peter, Thomas (also known as Didymus), Nathanael from Cana in Galilee, the sons of Zebedee, and two other disciples were together.

3 "I'm going out to fish," Simon Peter told them, and they said, "We'll go with you." So they went out and got into the boat, but that night they caught nothing.

4 Early in the morning, Jesus stood on the shore, but the disciples did not realize that it was Jesus.

5 He called out to them, "Friends, haven't you any

---

29 **bless** [bles] 축복하다
30 **perform** [pərfɔ́ːrm] 수행하다, 실행하다
 sign [sain] 표시, 기적
 presence [prézns] 바로 곁, 면전
 record [rikɔ́ːrd] 기록하다, 적어두다
31 **Messiah** [misáiə] 구세주, 메시아
1 **afterward** [ǽftərwərd] 그후, 곧 이어
 appear [əpíər] 나타나다, 보이다

 happen [hǽpən] 일어나다, 발생하다
2 **known as:** …로 알려진
3 **go out to:** …하러 나가다
 get into: …에 들어가다
 nothing [nʌ́θiŋ] 아무 것
4 **early** [ə́ːrli] 이른, 일찍
 shore [ʃɔːr] 해안, 기슭
 realize [ríːəlàiz] 깨닫다, 알다

29

The Purpose of John's Gospel

30

31

Jesus and the Miraculous Catch of Fish

21

2

3

4

5

게 고기가 있느냐 대답하되 없나이
다

6 이르시되 그물을 배 오른편에 던지
라 그리하면 잡으리라 하시니 이에
던졌더니 물고기가 많아 그물을 들
수 없더라

7 예수께서 사랑하시는 그 제자가 베
드로에게 이르되 주님이시라 하니
시몬 베드로가 벗고 있다가 주님이
라 하는 말을 듣고 겉옷을 두른 후
에 바다로 뛰어 내리더라

8 다른 제자들은 육지에서 거리가 불
과 한 오십 칸쯤 되므로 작은 배를
타고 물고기 든 그물을 끌고 와서

9 육지에 올라보니 숯불이 있는데 그
위에 생선이 놓였고 떡도 있더라

10 예수께서 이르시되 지금 잡은 생선
을 좀 가져오라 하시니

11 시몬 베드로가 올라가서 그물을
육지에 끌어 올리니 가득히 찬 큰
물고기가 백쉰세 마리라 이같이
많으나 그물이 찢어지지 아니하였
더라

12 예수께서 이르시되 와서 조반을 먹
으라 하시니 제자들이 주님이신 줄
아는 고로 당신이 누구냐 감히 묻는
자가 없더라

fish?"

"No," they answered.

6 He said, "Throw your net on the right side of the boat and you will find some." When they did, they were unable to haul the net in because of the large number of fish.

7 Then the disciple whom Jesus loved said to Peter, "It is the Lord!" As soon as Simon Peter heard him say, "It is the Lord," he wrapped his outer garment around him (for he had taken it off) and jumped into the water.

8 The other disciples followed in the boat, towing the net full of fish, for they were not far from shore, about a hundred yards.

9 When they landed, they saw a fire of burning coals there with fish on it, and some bread.

10 Jesus said to them, "Bring some of the fish you have just caught."

11 So Simon Peter climbed back into the boat and dragged the net ashore. It was full of large fish, 153, but even with so many the net was not torn.

12 Jesus said to them, "Come and have breakfast." None of the disciples dared ask him, "Who are you?" They knew it was the Lord.

6　**throw** [θrou] 던지다
　unable [ʌnéibl] …할 수 없는
　haul [hɔːl] 끌어당기다, 잡아끌다
　large number of: 다수의
7　**as soon as:** …하자마자
　wrap [ræp] 싸다, 감싸다
　garment [gáːrmənt] 의류, 옷
　jump into: 뛰어들다

8　**tow** [tou] 끌다
9　**burning** [bə́ːrniŋ] 불타는, 타고 있는
　coal [koul] 숯, 석탄
11　**climb** [klaim] 오르다
　drag [dræg] 끌어 당기다, 끌다
　ashore [əʃɔ́ːr] 해변에, 기슭에
　tear [tiər] 찢다
12　**dare** [dεər] 감히 …하다

6

7

8

9

10

11

12

13 예수께서 가서서 떡을 가져다가 그들에게 주시고 생선도 그와 같이 하시니라

14 이것은 예수께서 죽은 자 가운데서 살아나신 후에 세 번째로 제자들에게 나타나신 것이라

내 양을 먹이라

15 그들이 조반 먹은 후에 예수께서 시몬 베드로에게 이르시되 요한의 아들 시몬아 네가 이 사람들보다 나를 더 사랑하느냐 하시니 이르되 주님 그러하나이다 내가 주님을 사랑하는 줄 주님께서 아시나이다 이르시되 내 어린 양을 먹이라 하시고

16 또 두 번째 이르시되 요한의 아들 시몬아 네가 나를 사랑하느냐 하시니 이르되 주님 그러하나이다 내가 주님을 사랑하는 줄 주님께서 아시나이다 이르시되 내 양을 치라 하시고

17 세 번째 이르시되 요한의 아들 시몬아 네가 나를 사랑하느냐 하시니 주께서 세 번째 네가 나를 사랑하느냐 하시므로 베드로가 근심하여 이르되 주님 모든 것을 아시오매 내가 주님을 사랑하는 줄을 주님께서 아시나이다 예수께서 이르시되 내 양을 먹이라

18 내가 진실로 진실로 네게 이르노니 네

13 Jesus came, took the bread and gave it to them, and did the same with the fish.

14 This was now the third time Jesus appeared to his disciples after he was raised from the dead.

Jesus Reinstates Peter

15 When they had finished eating, Jesus said to Simon Peter, "Simon son of John, do you love me more than these?"

"Yes, Lord," he said, "you know that I love you."

Jesus said, "Feed my lambs."

16 Again Jesus said, "Simon son of John, do you love me?"

He answered, "Yes, Lord, you know that I love you."

Jesus said, "Take care of my sheep."

17 The third time he said to him, "Simon son of John, do you love me?"

Peter was hurt because Jesus asked him the third time, "Do you love me?" He said, "Lord, you know all things; you know that I love you." Jesus said, "Feed my sheep.

18 Very truly I tell you, when you were younger you dressed yourself and went where you wanted; but when you are old you will stretch

---

13 **give B to A**: A에게 B를 주다
　same [seim] 같은, 똑같은
14 **appear** [əpíər] 나타나다, 보이다
　disciple [disáipl] 제자
　rise from: …에서 다시 살아나다
15 **finish** [fíniʃ] 마치다, 끝나다
　Lord [lɔːrd] 주, 주인, 하나님
　feed [fiːd] 음식을 주다, 먹이다

　lamb [læm] 새끼양, 어린 양
16 **answer** [ǽnsər] 답하다
　take care: 돌보다, 살펴보다
　sheep [ʃiːp] 양
17 **hurt** [həːrt] 다치다, 상하게 하다
18 **truly** [trúːli] 진정, 진실로
　younger [jʌŋgər] 더 젊은, 더 어린
　dress [dres] 입다

13

14

Jesus Reinstates Peter

15

16

17

18

가 젊어서는 스스로 띠 띠고 원하는 곳으로 다녔거니와 늙어서는 네 팔을 벌리리니 남이 네게 띠 띠우고 원하지 아니하는 곳으로 데려가리라

19 이 말씀을 하심은 베드로가 어떠한 죽음으로 하나님께 영광을 돌릴 것을 가리키심이러라 이 말씀을 하시고 베드로에게 이르시되 나를 따르라 하시니

20 베드로가 돌이켜 예수께서 사랑하시는 그 제자가 따르는 것을 보니 그는 만찬석에서 예수의 품에 의지하여 주님 주님을 파는 자가 누구오니이까 묻던 자더라

21 이에 베드로가 그를 보고 예수께 여짜오되 주님 이 사람은 어떻게 되겠사옵나이까

22 예수께서 이르시되 내가 올 때까지 그를 머물게 하고자 할지라도 네게 무슨 상관이냐 너는 나를 따르라 하시더라

23 이 말씀이 형제들에게 나가서 그 제자는 죽지 아니하겠다 하였으나 예수의 말씀은 그가 죽지 않겠다 하신 것이 아니라 내가 올 때까지 그를 머물게 하고자 할지라도 네게 무슨 상관이냐 하신 것이러라

24 이 일들을 증언하고 이 일들을 기록한 제자가 이 사람이라 우리는 그의 증언

out your hands, and someone else will dress you and lead you where you do not want to go.”

19 Jesus said this to indicate the kind of death by which Peter would glorify God. Then he said to him, “Follow me!”

20 Peter turned and saw that the disciple whom Jesus loved was following them. (This was the one who had leaned back against Jesus at the supper and had said, “Lord, who is going to betray you?”)

21 When Peter saw him, he asked, “Lord, what about him?”

22 Jesus answered, “If I want him to remain alive until I return, what is that to you? You must follow me.”

23 Because of this, the rumor spread among the believers that this disciple would not die. But Jesus did not say that he would not die; he only said, “If I want him to remain alive until I return, what is that to you?”

24 This is the disciple who testifies to these things and who wrote them down. We know that his testimony is true.

---

18 **stretch out one's hand:** 손을 뻗다
   lead [liːd] 이끌다
19 **indicate** [índikèit] 가리키다, 나타내다
   kind of: 어떤 종류의
20 **turn** [təːrn] 돌다, 회전하다
   lean [liːn] 기대다
   against [əgénst] …에 기대어, …에 갖다대어
   supper [sʌpər] 만찬, 저녁 식사

   betray [bitréi] 배반하다, 배신하다
22 **remain** [riméin] 머무르다, 남다
   alive [əláiv] 살아 있는, 살아서
   until [əntíl] …할 때까지
   return [ritə́ːrn] 돌아오다
23 **rumor** [rúːmər] 유언비어, 소문
   spread [spred] 퍼지다, 확산되다
24 **testify** [téstəfài] 증언하다, 증명하다

19

20

21

22

23

24

이 참된 줄 아노라

25 예수께서 행하신 일이 이 외에도 많으니 만일 낱낱이 기록된다면 이 세상이라도 이 기록된 책을 두기에 부족할 줄 아노라

25 Jesus did many other things as well. If every one of them were written down, I suppose that even the whole world would not have room for the books that would be written.

---

25 **as well:** ···도 또한, 마찬가지로
write down: ···을 적어 두다
suppose [səpóuz] 생각하다, 가정하다
even [íːvən] ···라도, ···조차도
whole [houl] 전체, 전부

25

영어 성경
요한복음 쓰기

펴낸날	초판 1쇄 발행 2024년 8월 9일
엮은이	아가페 편집부
펴낸이	곽성종
펴낸곳	(주)아가페출판사
등록	제21-754호(1995년 4월 12일)
편집	한윤희
디자인	소영
주소	(08806) 서울시 관악구 남부순환로 2082-33(남현동)
전화	584-4835(본사), 522-5148(편집부)
팩스	586-3078(본사), 586-3088(편집부)
홈페이지	www.agape25.com
판권	ⓒ(주)아가페출판사 2024

ISBN   978-89-537-9680-5 (04230)
　　　　978-89-537-9676-8 (세트)

아가페 출판사

아가페 필사&쓰기 전용펜

필사&쓰기성경®에 왜 전용펜을 사용해야 할까요?

1. 잉크의 뭉침이 없는 깨끗한 필기감
2. 쓸수록 종이가 부푸는 현상 방지
3. 종이끼리 붙지 않아 오랫동안 보관 가능
4. 물기로 인한 글자 훼손 방지

일반용

* 신약성경의 예수님 말씀은 빨간색 펜을 사용하세요.

중용량

일반 필사&쓰기성경 전용펜 A5 (검정/빨강)　　　　　값 900원

일반 필사&쓰기성경 전용펜 A5 (검정/빨강-1박스/12자루)　값 10,800원

필사&쓰기 전용펜 (고급) (블랙/투명)　　　　　값 1,600원

필사&쓰기 전용펜 (고급) (블랙/투명-1박스/12자루)　값 19,200원

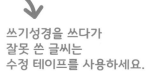

쓰기성경을 쓰다가 잘못 쓴 글씨는 수정 테이프를 사용하세요.

아가페 수정 테이프 (본품+리필) (블루/핑크)　　값 3,500원

영어로 묵상하는 영원한 하나님 말씀

아가페 개역개정 · NIV™ 영어 성경 쓰기 시리즈

영어성경
잠언·요한복음 쓰기

영어성경 잠언 쓰기(개역개정, NIV) | 184면
영어성경 요한복음 쓰기(개역개정, NIV) | 224면

개역개정 성경을 함께 보며,
영어성경을 필사하며 누리는 은혜의 시간!

www.agape25.com [주]아가페출판사

어린이도 마음에 새기는 하나님 말씀

아가페 쉬운성경 따라쓰기 시리즈

쉬운성경 잠언·요한복음 따라쓰기

▲ 쉬운성경 잠언 따라쓰기 | 112면   ▲ 쉬운성경 요한복음 따라쓰기 | 160면

말씀이 어려운 아이들에게 추천!

아가페 쉬운성경으로
하나님의 말씀을 써보세요.

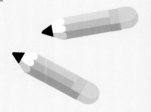

www.agape25.com   [주]아가페출판사